24·365
보안 이야기

The Other Side of Innovation

24·365
보안 이야기

테크핀 시대 혁신 코드, 보안
CEO를 위한 보안 참고서

김영기
지음

CONTENTS

디지털 금융 혁신 과정에서
마주치는 금융보안의 현장을
생생하고 깊이 있게
이야기하고 있는 책

금융위원장
은 성 수

우리는 미증유의 코로나19 위기를 지나면서 격변의 시대를 살고 있습니다. 지금은 코로나19 위기를 극복하면서도 미래를 대비해야 하는 때입니다. 정부는 경제에 닥친 위기를 극복함과 동시에 새로운 성장동력을 확보하기 위해 노력하고 있습니다. 한국판 뉴딜, 탄소중립, 혁신성장 등 선도형 경제로의 전환을 도모하는 것이 그 예입니다. 한편에서는 팬데믹이 디지털 혁명을 가속화시키며 금융산업에도 커다란 변화의 바람을 불러일으키고 있습니다. 빅데이터와 인공지능으로 대변되는 신기술들이 각종 금융혁신 서비스를 만들어내고 있고, 금융과 타 산업 간 경쟁과 혁신이 촉발되는 빅블러Big Blur 현상도 두드러지고 있습니다.

이러한 변화는 금융의 자원 배분 기능을 향상시키고 혁신을 가속화하며 금융산업 발전을 견인하게 될 것입니다. 그러나, 한편에서는 필연적으로 새로운 금융보안 위협이 발생하거나 디지털 금융소외 계층이 등장하고, 기존 금융권과 빅테크 플랫폼 사업자와의 공정경쟁 이슈 등이 제기되는 등 정부로서도 해결해야 할 새로운 정책적 과제가 적지 않습니다.

저도 한국수출입은행장 근무 당시 금융보안이 얼마나 중요한지를 경험한 바 있습니다. 많은 경영자들은 금융보안을 어려워하고 이에 투입되는 자원을 단순히 비용으로만 여기는 경향이 있습니다. 금융보안은 그 누구도 완벽하다고 장담하기 어려운 고도의 기술적 영역입니다. 그리고 디지털 신기술의 이면에서 끊임없이 진화하는 공격자들과 맞서야 하는 일입니다.

저는 기회가 될 때마다 우리 금융산업이 "혁신이라는 왼발과 보안이라는 오른발이 같은 보폭으로 나아가야 한다."는 균형 성장을 강조하였습니다. 금융산업이 소비자로부터 신뢰를 얻기 위해서는 반드시 든든한 금융보안이 뒷받침되어야 하며, 금융소비자로부터 신뢰를 얻지 않고서는 금융혁신도 성공할 수 없습니다.

이 책은 금융의 최일선에서 금융보안을 책임지며 열정적인 금융보안 전도사로서 소임을 다해왔던 저자가 지난 3년간 경험하고 느꼈던 현장의 이야기와 미래의 화두를 담아내고 있습니다. 금융산업 종사자는 물론 일반인이라면 한 번쯤은 궁금해하던 사이버 세상의 정보 유출이나 해킹 공격, 그리고 보이지 않는 적으로부터 우리 금융을 지키기 위해 불철주야 애쓰고 있는 실상을 간접적으로나마 살펴볼 수 있는 내용입니다. 아울러 새로운 국가 경쟁력의 원천이 되는 데이터 경제와 금융보안에 대하여도 상당 부분을 할애하고 있습니다. 금융인과 정보보호를 공부하려는 분들은 사이버 세상에서 벌어지고 있는 이러한 이야기에 흥미를 느끼지 않을 수가 없을 것입니다. 특히 금융회사 최고경영자에게도 금융보안을 어떻게 바라보고 이사회를 비롯한 다층적 보안체계를 어떻게 운영해야 하는지에 대해 도움을 줄 수 있을 것입니다.

코로나19로 인한 비대면 일상이 이어지고 4차 산업혁명의 각종 신기술이 금융산업에 크나큰 변화를 몰고 오는 가운데 정부도 금융보안이 더욱 굳

건하게 우리 금융산업을 지키는 파수꾼으로서 함께 성장해갈 수 있도록 지원하겠습니다. 앞으로도 끊임없이 바뀌고 진화해나가는 금융 환경에서 저자가 외치는 금융보안에 대한 열정적 노력이 우리 금융산업의 미래를 열어가는 디딤돌이 되리라 확신하며 금융보안원과 저자의 건승을 기원합니다.

기술이 금융을 지배하는
세상에 우리는

필자는 3년 전, 금융부문의 사이버 보안을 책임지고 있는 일과 인연을 맺었다. 철모르던 시절부터 숙명처럼 중앙은행과 인연을 맺었고, 한국은행에서 18년, 금융감독원에서 19년이라는 세월 동안 직장 생활을 한 뒤였다. 나름 열정을 다해 금융감독업무를 수행해왔고 그 중 금융보안도 금융회사 운영 리스크의 극히 일부분에 불과한 것으로 생각했었다.

그러나 그것은 정말 모르는 사람들의 단순한 선입견이라는 것을 깨달았다. 보안 분야는 정보기술을 뛰어넘는 복합적이고도 다차원적인 고도의 기술적 영역이다. 우리 대다수가 깨닫지 못하는 가운데 사이버 상에는 지금 이 순간에도 창과 방패의 전쟁이 치러지고 있다. 금융업권의 사이버 보안 관제를 담당하고 있는 금융보안원의 금융보안관제센터는 연간 6백만 건의 침해시도를 분석하고 있다. 피싱 사이트도 연간 4만 건을 탐지하여 차단하고 있다. 소리 없는 전쟁이 한시도 쉬지 않고 벌어지고 있는 것이다.

사이버 상에는 국경의 구분이 없고 영역의 구분도 없다. 금융부문을 침입하는 해커들은 국방 부문이나 정부 행정기관은 물론 일반 기업들도 공격한다. 더구나 그 공격자가 누구인지 확인하기도 어렵고 사법적 권한으로 공격자를 체포하거나 처벌하는 것에도 한계가 있다. 그러다보니 세계 각국 모두 사이버 상에서는 항상 전시 상태이다.

2020년 들어 발생한 코로나19 감염병으로 인해 우리의 모든 생활은 비대면, 온라인 환경으로 급격히 바뀌었다. 각 직장에서는 재택 근무가 일상화되었다.

이러한 환경은 일시적인 것이 아니라 이른바 인공지능, 블록체인, 클라우드 컴퓨팅, 빅데이터, 사물인터넷, 5세대 이동통신 등의 혁신적 기술들과 접목되어 새로운 표준이라 일컫는 뉴 노멀이 되었다. 코로나19 상황이 끝나더라도 과거로 다시 돌아가지 않을 것이며 사이버 상에서 보안에 대한 관심은 계속 늘어날 수밖에 없다.

금융 사이버 보안의 최일선에서 일한 경험을 가졌다는 것은 이러한 신기술과 금융 간의 관계와 흐름을 알 수 있었다는 점에서 필자에게는 크나큰 축복이다. 필자는 단언컨대 앞으로의 금융은 디지털 기술이 중심이 될 것이라고 말한다. 지금 모든 금융회사들은 생존을 위해 디지털 트랜스포메이션Digital Transformation을 부르짖고 다방면에 걸쳐 조직이나 서비스를 디지털화에 맞게끔 정비하고 치열한 경쟁을 벌이고 있다. 금융회사와 금융업권

간의 경쟁은 물론이거니와 빅테크, 핀테크 등 모든 플랫폼 기업과 경쟁과 동시에 공존을 위한 합종연횡이 이루어지고 있다.

이러한 혁신에 있어 가장 중요한 요소는 금융소비자로부터 신뢰를 얻는 것이다. 금융이 생존하기 위한 가장 절대적 조건은 신뢰이며, 이는 핀테크, 빅테크 기업에게도 마찬가지다. 혁신을 이루기 위해서는 굳건한 보안이 전제되어야만 소비자로부터 신뢰를 얻을 수 있다. 자동차의 엑셀 성능이 발달하려면 브레이크 성능이 함께 발달해야 하듯이 혁신과 보안은 두 발로 함께 걸어가야 하는 균형적 접근이 필수적이다.

필자는 3년 동안 금융보안 업무가 가까이 다가갈수록 점점 더 어렵고 변화무쌍하며 난제가 많은 분야임을 깨달았다. 그래서 늘 배우려는 자세와 겸손한 마음으로 업무에 임하려 애썼다. 이는 지금도 사이버 상에서 벌어지고 있는 각종 위협과 이를 방어해야 하는 일선 금융회사 및 금융보안 종사자들에 대한 최소한의 예의가 아닐까 싶다.

흔히 우리는 기술을 아는 사람은 인문을 모른다고 하고, 인문을 아는 사람은 기술을 모른다는 이분법을 접한다. 일정 부분 그 간극이 있는 것은 사실이다. 그러나 향후에는 기술을 모르고 금융을 논할 수 없으며, 금융인이라면 기술을 어느 정도는 알고 있어야만 생존할 수 있다고 감히 자신 있게 말할 수 있다.

이 책은 새내기 CEO로서 금융보안이라는 영역에 대한 3년 간 분투기이자 적응 과정에 대한 기록의 일부이기도 하다. 금융이 기술 중심으로 변모해 가는 필연적 상황에서 금융보안의 중요성을 인식하는데 도움을 주고 싶은 체험서라고 할 수 있다. 또한 보안을 깊이 이해하지 못하는 금융인이나 정보보호를 곁눈질하고픈 경계인들을 위한 보안 맛보기 안내서이다. 일반인이라면 평소 궁금했으나 자세히 접하기 어려웠던 이야기를 소개하면서 틈틈이 언론에 기고하였던 글 등도 '보안을 외치다' 코너로 일부 덧붙였다.

지금도 보이지 않는 사이버 공격자들로부터 많은 산업과 기업을 지키기 위해 분전하고 있는 수많은 보안 전문가들을 생각하면 이 책을 내놓는 것이 심히 꺼려지고 부끄러운 일이지만, 그들에게 조금이라도 힘이 되고 싶은 마음 하나로 용기를 내었다. 이 책을 내놓기까지 애정 어린 가르침을 준 보안 전문가들과 3년 간 동고동락하면서 함께 달려온 금융보안원 동료들께 깊은 감사 말씀을 드린다.

2021년 3월
죽전 금융보안원에서 김영기

PART 1

보안은
블랙박스가 아니다

01

금융보안과
경영

금융회사 정보보호업무의 위상

금융회사에는 정보보호최고책임자CISO : Chief Information Security Officer라는 직책이 있다. 전자금융 및 그 기반이 되는 정보기술 부문의 보안을 총괄하여 책임지는 자리다. 금융회사의 정보기술 부문 계획이나 현안을 최고경영자에게 보고하고 금융회사 내의 정보보안 사항을 점검하고 대책을 마련하는 것이 주요 임무다.

 2018년 4월, 출범 4년차인 금융보안원에 몸을 담게 되면서 가장 먼저 느낀 점은 신생 조직으로서 위상이 높지 않다는 것이었다. 금융보안원은 약 190여개 금융회사를 회원사로 두고 있고, 업무 상 주된 상대방은 정보보호 담당자들이다. 금융보안원은 이들 금융권 회원사들로부터 회비를 수납하여 운영되고 있다. 금융회사 정보보호 업무는 돈을 버는 영업 행위가 아니며, 오히려 투자를 해야 하고 돈을 쓰는 일이다. 그러다보니 CISO들의 위상이 높지 않다는 것도 알게 되었다. 일부 금융회사들의 경우 정례적인 금융보안원 회비를 납부할 때마다 CISO들이 최고재무책임자CFO나 최고경영자에게 결재를 받는데 애로를 겪는다고도 했다.

금융보안원은 금융권 전체의 통합 보안관제 전담기관으로서 24시간, 365일 사이버 침해 상황을 감시하고, 외부 침해 위협이 탐지되면 이를 방어하고 다른 금융회사에도 침해 위협이 있을 수 있으므로 해당 사실을 전파한다. 또한 금융회사의 전자금융 기반시설 관련 취약점을 정기적으로 점검하여 미비점을 보완하도록 지원한다. 외부 침해 사고에 대하여는 그 침해 및 피해 상황을 분석하여 대책을 강구하기도 한다.

고객들의 금융 재산을 관리하는 금융회사는 신뢰가 생명이다. 그런데 사이버 사고가 표면적으로 드러나지 않으면 금융보안원이나 금융회사 CISO들의 존재감은 잘 나타나지 않는다. 금융보안원 직원들 또한 금융회사의 보안업무를 지원하면서 그들이 얼마나 중요한 일을 하는지에 대하여 깊이 인식하지 못하고 있었다.

원장으로 취임하자마자 가장 중요하게 추진한 일 중 하나는 이러한 금융보안원 직원들과 금융회사 CISO들의 위상을 높이고 그들이 하는 일에 대해 자부심과 긍지를 갖도록 하는 것이었다. 190여개 회원사 중 대의원사에게라도 취임 인사를 다니기로 했다. 금융보안원 입장에서는 회비를 납부하는 고객이기도 했거니와 금융회사 CEO들과 금융보안에 대한 인식을 공유할 필요가 있었다. 여건이 되는 분들과 면담 약속을 잡았고, 해당 면담에는 반드시 그 금융회사의 CISO도 동석할 수 있도록 요청하였다.

금융회사의 최고경영자는 예외 없이 영업을 잘 했거나 전략 기획 업무 경력을 가진 분들이다. 이들은 정보기술 부문 특히 정보보호 업무에 대하여는 조예가 깊지 못한 것이 일반적이다. 필자 또한 한국은행과 금융감독원에서 줄곧 금융감독 업무를 해왔지만 정보보호 업무에 대하여는 대강의 단편적 지식 정도만 있었고, 금융보안 업무는 IT나 정보보호 전공자들의 전유물로 생각해 왔다. 그러나 디지털 전환 혁명이 금융권에 몰아치고 있는 상황에서 보안이라는 영역에 발을 담그게 되면서 생각이 크게 바뀌었다. 보안에 대한 토대가 없으면 혁신도 불가능하다는 믿음이 생겼고 이러한 믿음을 공유할 필요가 있었다. 22개 금융회사의 최고경영자 및 CISO들과 면담을 했고 그 과정에서 금융보안에 대한 현장 분위기를 느꼈으며 여러 도움이 되는 이야기를 나누었다.

최고경영자들마다 금융보안에 대한 인식은 천차만별이었다. 금융보안에 대해 남다른 애착을 가진 분들도 있었고, 최고경영자로서 과거 정보유출 사고를 수습하느라 힘들었던 경험을 공유해주시는 분들도 있었다. 외부 보안 전문가를 영입하여 CISO의 중책을 맡긴 금융회사들도 있었다. 반면 금융보안에 대하여 이해가 부족하고 관련 업무 경험이 전혀 없는 최고경영자들도 많았다. 정보보호 업무를 평소에 얼마나 열심히 하였는지에 대한 고려가 없이 사고가 발생하면 여론 분위기에 휩쓸려 감독당국의 제재가 무차별하게 이루어지는 것에 대한 금융회사들의 불만도 확인할 수 있었다. 정보보호 업무를 담당하는 CISO들은 권한보다는 책임만 잔뜩 안고 있는 처지라는 것도 느낄 수 있었다.

정보보호최고책임자(CISO)라는 자리

정보보호 업무는 고도의 전문성이 필요한 분야다. CISO의 자격 요건을 보면 정보기술IT 분야의 경력기간을 정보보호 업무 경력보다 높게 요구하고 있다.[01] 기본적으로 IT 분야의 전문성이 바탕이 되고 그 기반 위에서 정보보호 업무에 대한 고도의 지식과 기술에 대한 이해를 하고 있어야 한다.

피싱, 악성코드, 스팸메일, 각종 랜섬웨어, 해킹, 디도스, 지능형 지속공격APT : Advanced Persistent Threat 등 위협 형태 등에 대하여 알아야 하고, 네트워크, 데이터베이스, 컴퓨터, 모바일, 어플리케이션 등 IT 환경에 대해서도

---

[01]   예를 들어 CISO가 되기 위해서는 정보보호와 IT관련 자격증을 보유한 학사 출신은 정보보호 업무 경력이 2년 이상이면 가능하나, IT 경력은 3년 이상 되어야 한다.

충분한 지식이 있어야 한다. 거기에 정보의 기밀성[02], 무결성[03]은 물론 각종 접근 제어, 인증, 컴플라이언스(법규준수) 등 정보보호 정책에 대하여도 깊은 이해가 필요하다. 이러한 환경과 정책 여건은 시시각각 변하고 발전하고 있다. 디지털 트랜스포메이션이 피할 수 없는 대세로 자리 잡으면서 정보보호 업무는 더욱 중요해지고 있다. CISO의 업무 능력은 단기간에 갖추기 어려운 고도의 전문성이 필요할 뿐만 아니라 환경 변화와 새로운 기술에 대해서도 끊임없이 공부를 해야 한다. 그만큼 CISO는 그 어느 자리보다 어려운 자리다.

평생을 정보보호 업무에 매진하고 있는 SC제일은행 CISO인 김홍선 부행장은 CISO의 역량이 무엇이냐는 질문에 '조직 장악력'이라고 말했다. 정보보안이란 기술에 바탕을 두면서도 비즈니스와 경영의 문제이며, 은행 CISO 업무를 5년 이상 하고보니 은행에서 어떻게 일을 해야 하는 것인지 알게 되었다고 했다. 평생을 정보보호 업계에 종사하였고 우리나라 대표적인 보안기업 중 하나인 안랩의 대표를 역임한 김 부행장은 정보보호 업무가 전사적 리스크 관리의 중요한 요소일 뿐만 아니라 기술 영역을 초월하는 경영의 문제이며 고도의 전문성이 필요하다는 점을 강조하고 있다.

---

02 보안 요소 중 기밀성(Confidentiality)이란 인가된 사용자만이 정보자산에 접근하여야 한다는 것으로 방화벽, 암호, 패스워드와 같은 것들이 기밀성을 확보하기 위한 장치이다.

03 무결성(Integrity)이란 데이터가 오류 없이 정확성과 안정성을 유지하는 것을 의미한다.

금융회사 임원 자리는 전문성이 필요하지만 순환 보직으로 운영되는 경우가 다반사이다. 우리나라 금융업계는 유난히 나이와 순환 보직으로 조직이 운영되는 경향이 강하다. 특히 지배주주가 없는 금융 그룹사의 경우가 더 그런 경향이 강하다. 대기업 계열 금융회사 또는 지배주주가 있는 금융회사는 그나마 CEO가 누구인지에 따라 전문성이 있는 CISO들이 장기 근무를 할 수 있는 여지가 있다. 그러나 그런 경우는 소수에 그친다. 우리 금융의 문제점으로 지적되어 온 것이 단기 성과주의로 조직이 운영되는 경향이 크다는 점이다. 2년 단위 또는 매년 성과를 평가받고 그 결과에 따라 연임 여부가 결정되는 상황에서는 중장기적으로 경영 전략이나 철학을 이어가면서 성과와 연결되지 않는 분야에 투자를 한다는 것은 쉽지 않다.

물론 법상 자격 요건을 충족하는 자를 임원으로 임명을 하지만 일정 기간이 지나면 전문성은 아랑곳하지 않고 후배들을 위해 용퇴를 해야 한다든가, 인사 원칙 상 어쩔 수 없다는 이유로 자리바꿈이 빈번하다. 이는 금융권 전체의 문제이고 CISO들도 이러한 점에서 예외가 아니다. 일찍 전문성을 사장시키게 되는 현실, 이것은 곧 조직이나 국가 경쟁력 측면에서도 커다란 손실이며 바람직하지 못하다.

우리나라 금융권의 CISO들은 대부분 기껏해야 2년 정도 일을 하면 교체가 된다. 성과로 평가받기가 쉽지 않은 직무의 성격 상 임기를 마치면 으레 교체가 되는 것을 당연하게 생각하기도 한다. 그만큼 정보보호 업무를 중요하게 생각하지 않고 적당히 자격요건을 갖춘 사람에게 맡기고 임기 중에 사고만 나지 않으면 괜찮다는 안이한 인식이 여전한 건 아닌지 모르겠다. 정보보호 업무가 필요로 하는 고도의 전문성이 순환 보직이라는 관행에 밀려나고 있는 것이 현실이다. 필자가 금융보안원장으로서 3년이라는 임기 동안 연말이 되면 어김없이 퇴임하는 금융회사 CISO들을 위로하는 것이 연례행사처럼 되어 버렸다.

디지털 혁신 시대, 대우받는 CISO를 위해

모바일 결제, 간편 송금, 인슈어테크 등 디지털 기술을 활용한 핀테크 혁신이 빠르게 확산되면서 사이버 위협도 인공지능AI을 활용하는 등 점점 지능화·조직화되고 있다. 아울러 개인정보 유출의 위험도 커지는 등 디지털 금융의 리스크가 크게 증가하고 있다. 우리 금융 산업과 경제발전을 위해서 금융의 디지털 혁신이 성공해야 하는 것은 당연하다. 그러나 금융결제 인프라의 개방, 클라우드 이용 활성화, 마이데이터 산업 도입 등 각종 혁신 및 규제 완화와 더불어 반드시 전제돼야 하는 것이 새로운 위협에 대비해 금융보안을 강화하는 일이다.

금융회사에는 금융보안을 책임지고 있는 정보보호최고책임자CISO 직책이 있다. 금융회사와 전자금융업자들은 전자금융거래의 안정성을 확보하기 위해 의무적으로 CISO를 지정해야 한다. CISO는 정기적으로 정보보안 사항을 점검하고 최고경영자CEO에게 그 결과와 대책을 보고하는 등 정보보호에 관한 책임을 진다.

그런데 CISO들을 만날 때마다 자주 듣는 얘기가 있다. "정보보호가 돈을 버는 업무가 아니다 보니 인기가 없고 임원이라 하더라도 조직 내 서열이 낮아 소위 힘이 없다. 보안은 늘 막고 뚫는 것이 일상화돼 있는데 사고라도 발생하면 CISO들은 목이 열 개라도 모자란다."는 것이다. 이러한 푸념은 금융회사들이 디지털 혁신과 보안을 얼마나 차별적으로 생각하고 있는지, CISO의 조직 내 위상이 어떠한지를 말해준다.

마침 개인정보보호가 강화되면서 정보통신서비스 제공자인 일반 기업들도 의무적으로 CISO를 선임하도록 하는 개정 정보통신망법이 2019년 6월에 시행되었다. 금융당국도 보안이 혁신과 조화를 이루고 균형적으로 발전할 수 있도록 금융보안 종합대책을 마련하였다. 이에 CISO 제도도 다음과 같은 방향으로 개선될 필요가 있다.

첫째, 금융 CISO의 지위와 권한을 개정 정보통신망법 수준으로 강화하자. 모든 CISO를 임원으로 지정하고 정당한 사유 없이 인사상 불이익을 받지 않도록 명문화함으로써 그 신분을 보장해야 한다.

둘째, 정보보호 업무가 주요 경영진에 의해 다양한 관점에서 논의돼야 하고 현재 부서장급으로 운영 중인 정보보호위원회를 임원급으로 구성하도록 하자. 늘어나야 할 은행권의 금융보안 예산이 해마다 줄어들고 있는 것이 현주소다.

셋째, CISO 협의체의 운영 근거를 법제화해 사이버 위협 공동 대응 및 교류 협력을 강화하자. 금융보안원은 이미 금융권역별 CISO 협의체를 운영하고 있으나 이번 개정 정보통신망법과 같이 그 법적 근거를 명시할 필요가 있다.

금융혁신과 금융보안은 차량의 액셀레이터와 브레이크처럼 균형적으로 발전돼야 한다. 그러기 위해서는 CISO의 위상을 정립해 사람이 제대로 일할 여건을 만드는 것이 그 출발점이다.

(2019.3.18. 서울경제 로터리 칼럼, 부분 수정)

02

보안은 CEO의
관심을 먹고 자란다

금융권에는 2020년 1월 1일자로 전자금융감독규정에서 사라진 '557 규정'이라는 것이 있었다. 금융권은 전체 인력의 5% 이상을 IT 인력으로 운영해야 하며, IT 인력의 5% 이상을 보안 인력으로, 또한 IT 예산의 7% 이상을 보안 예산으로 확보하도록 한 것으로 2011년 농협 전산망 마비 사태를 계기로 금융회사들의 IT 및 보안 투자를 독려하기 위해 최소한의 기준으로 운영되던 것이었다. 이제 557 규정이 사라지고 보니 새로이 금융업을 영위하려는 핀테크 업체 등의 금융보안에 대한 투자가 미흡하지 않겠느냐는 우려가 많다.

현재 국회에 계류 중인 전자금융거래법 개정안에는 금융보안을 현업 부서와 정보보호 부서, 그리고 내부 감사에 이르기까지 계층적으로 관리토록 하고, 정보보호최고책임자 및 최고경영자의 역할과 책임을 강화하는 등 거버넌스를 강화하는 내용이 담겨 있다. 또한 안전한 디지털 전환을 지원하고 금융 분야 사이버 위기관리체계를 확립하는 과제들도 담겨 있다.

보안은 돈을 버는 일이 아니다. 만일의 사고에 대비한 보험 성격의 투자이다. 그러다보니 금융회사들은 보안을 IT의 보조적 수단 정도로 생각하고 사고가 나지 않으면 불필요한 비용으로 생각하는 경향이 있다. CISO와 정보보호 조직의 권한도 이러한 인식이 바탕이 되어 있다 보니 아쉬운 점이 많다.

금융보안원이 2020년 금융회사 보안 담당자 약 180명을 대상으로 보안 모범사례를 조사한 결과는 이러한 인식이 여전함을 말해 주고 있다.

우선, 최고경영자가 정보보호를 주제로 임직원과 연 1회도 소통하지 않는 비율이 절반 이상인 52%나 되었으며, 정보보호 실적을 성과지표로 관리하고 있는 곳은 44%에 불과하였다. 금융회사 내 이사회에 보안과 관련한 보고를 한 횟수가 연간 3회 이하에 해당되는 경우가 83%나 되었다. 금융회사 내에서 정보보호 규정을 위반하더라도 정보보호 조직이 조사나 징계 권한을 보유하거나 행사하지 못하고 있어 조직 내에서 정보보호 조직이 실효성 있는 역할을 할 수 없는 곳이 80% 이상이었다.

선진국 금융회사의 사정은 어떠할까? 컨설팅 기업인 맥킨지에서 미국 금융회사 23개사를 대상으로 조사한 바에 따르면, 95%의 회사는 이사회에서 사이버 및 기술 리스크에 대하여 연간 4회 이상 논의를 하고 있으며 그 논의 시간도 30분에서 2시간 정도에 이르는 것으로 나타났다. 또한 65%의 회사가 이사회 멤버 중 한 명 이상의 사이버 보안 및 기술 리스크 관련 전문가를 포함하고 있었다. 이사회 내에 기술위원회를 설치하여 운영하고 있는 곳도 22% 이상으로 점차 증가 추세이며 이사회에 사이버 리스크를 측정할 수 있는 기준을 만들고 이를 성과 평가지표와 연계하고 있었다.[04]

경영진과 이사회가 보안에 대하여 얼마나 관심을 기울이는지가 결국 안전한 디지털 전환의 전제 조건이다. 논밭에 있는 곡식이 농부의 발걸음 소리를 듣고 자란다는 말이 있듯이 보안 또한 마찬가지다.

많은 경영진은 정보보호에 대해 고정관념을 갖고 있다.
보안 사고를 모두 CISO의 책임으로 생각한다. 그러나 CISO는 보안 리스크를 최소화하는 사람일 뿐, 보안사고의 최종 책임은 최고경영자에게 있다. 그럼에도 보안 업무에 고도의 전문성과 기술적 지식이 필요하다 보니 모든 것을 CISO에게 위임하는 경향이 있다. 그러나 보안도 경영 활동의 일환이다. 최고경영자는 CISO에게 적극적으로 보안 업무를 지시하고 확인해야할 책임이 있다. 물론 기술적 지식까지 최고경영자가 속속들이 알기는 어렵

---

04   <Cybersecurity : Emerging challenges and solutions for the boards of financial-services companies>, Mackinsey&Company, 2020.10.02.

지만 회사의 통합 리스크 관리 관점에서 보안 관련업무가 영업활동과 어떻게 관계를 갖고 움직이는지, 최소한의 보안 지식과 흐름을 습득하기 위해 관심과 노력을 기울일 필요가 있다.

보안에 대한 금전적 투자를 통해 보안시스템만 갖추어 두면 안전하다고 믿는 것 또한 경계해야 한다. 보안시스템은 도입보다는 운영이 더 중요하다. 보안을 하는 사람들은 항상 "100% 안전한 보안은 없다."고 얘기한다. 어딘가에는 그 취약점이 있기 마련이다. 경영진의 관심과 이해, 그리고 지속적인 투자와 역량을 강화하는 것이 필요하다. 그렇게 되도록 해야 하는 것이 최고경영자의 역할이다.

4차 산업혁명 시대와 금융 보안

바야흐로 4차 산업혁명의 시대이다. 금융에도 인공지능AI, 빅데이터, 블록체인, 클라우드 컴퓨팅, 사물인터넷IoT 같은 디지털 혁신이 필수가 됐다. AI를 이용한 자산관리서비스인 로보어드바이저가 사람보다 더 높은 수익률을 올리는가 하면, 챗봇이 등장해 사람을 대신해 금융상품을 소개하고 고객과 상담을 하고 있다. 모든 산업영역에서 초연결Hyperconnectivity과 초지능Superintelligence을 특징으로 하는 이러한 첨단 기술들의 발전과 융합이 이루어지고 있고 이러한 변화가 금융 산업에도 크게 영향을 끼치고 있다.

경영자라면 이러한 혁신의 흐름이 한때의 유행으로 끝나지 않을 것임을 알고 있다. 우리의 미래 모습을 정확히 그릴 수는 없지만, 분명한 것은 지금 이 길을 제대로 가지 않으면 도태될 수 있다는 불안감은 커져 있다.

디지털 혁신이 성공하기 위해서는 여러 가지 요건이 충족돼야 하겠지만 무엇보다 중요한 것은 신기술들의 적용에 보안성이 반드시 확보돼야 한다는 것이다. 신뢰를 생명으로 하는 금융 산업에서 보안성이 확보되지 못할 경우 큰 혼란이 초래되고 고객들은 새로운 혁신적 상품과 서비스를 외면할 것이기 때문이다. AI를 활용한 금융상품이나 서비스를 개발하기 위해서는 빅데이터를 어떻게 안전하게 다룰 것인지의 문제를 먼저 해결해야 한다. 블록체인이나 클라우드와 같은 혁신적인 서비스도 보안성이 선결되지 않으면 활용되기 어렵다.

우리가 은행에 예치해둔 재산은 눈에 보이지 않는다. 모든 금융거래 이력과 재산기록, 개인정보는 그저 은행 전산 시스템에 존재할 뿐이다. 금융시스템은 항상 외부 세력의 위협을 받고 있기 때문에 이를 안전하게 지키는 일이 중요하다. 금융보안은 금융 정보니 금융자산을 노리는 외부의 위협으로부터 이들을 안전하게 보호하는 활동이다.

그런데 금융보안은 우리가 일반적으로 알고 있는 물리적 보안 활동을 넘어서는 특성을 갖고 있다. 그것은 바로 금융에 대한 위협은 주로 사이버 상에서 일어난다는 점이다. 사이버 공간에는 국경이 따로 없고, 이 세상에는 엄청난 정보들이 네트워크로 연결돼 존재한다. 인터넷과 PC, 모바일 기기가 확산되면서 공격자가 누구인지 알기 어렵고 눈에 뜨이지도 않는다. 더구나 자신도 모르는 사이에 자신의 컴퓨터나 전자기기가 악성코드에 감염돼 범죄에 이용되기도 한다. 기술과 문명의 발달로 우리는 지속적으로 편리함과 효율성을 추구해왔지만, 한편으로는 부지불식간에 범죄세력과도 공존하고 있는 것이다.

사이버 공간에서 벌어지는 다양한 침해 위협으로부터 안전한 개인이나 조직은 없다. 이러한 위협은 4차 산업혁명 시대를 맞아 더욱 진화하고 있으며 상시적으로 존재한다. 따라서 금융보안은 한때의 유행이 아니라 은은하고 꼼꼼하면서도 일관되게 나아가야 한다. 보안의 최고 책임자는 최고경영자CEO를 포함한 경영진이며, 보안은 전사적 경영 리스크의 일부분으로 관리돼야 한다. 특히 국경 없는 사이버 세상에서 보이지 않는 적을 막아야 하는 금융보안은 네트워크와 데이터를 기반으로 생존하는 금융 산업에 있어서는 함께 가지 않을 수 없는 필수적 가치라는 점을 명심해야 한다.

금융보안이라는 눈에 잘 보이지 않는 가치를 위해 과감한 전략을 선택하고 비용을 투자하는 것은 그리 쉬운 일이 아니다. 더구나 금융보안을 강화하면 시스템의 안정성을 높일 수는 있으나 고객의 편의성은 저해될 수 있다.

그러나 디지털 혁신의 전제가 되는 보안성 확보는 미래를 위한 투자이고, 보안 사고로 잃게 될지도 모를 천문학적 피해를 예방하는 보험이라고 할 수 있다. 금융의 디지털 혁신은 안정성 확보를 위한 보안 투자와 병행할 때에만 금융 산업의 경쟁력과 신뢰 제고라는 두 마리 토끼를 동시에 잡을 수 있을 것이다.

(2018.5.28. 아시아경제 CEO 칼럼)

보안을 외치다

디지털 변혁 시대, CEO가 노예되지 않으려면

"주인은 노예의 노예이고, 노예는 주인의 주인이다." 18세기 철학자 헤겔이 마치 4차 산업혁명 시대 경영자들에게 경고를 하는 듯하다. 세상 변화를 깨닫지 못하는 경영자들이 신기술을 모르고 신기술 없이 살아갈 수 없는 지경에 이르면 주인이 아닌 노예로 살아가는 것은 불가피할 것이다.

세계경제포럼 클라우스 슈밥 회장이 2016년 다보스 포럼에서 4차 산업혁명을 얘기하고 겨우 5년이 흘렀다. 그러나 무한대의 통계적 확률을 가졌다는 바둑에 알파고가 등장하여 이세돌과 커제를 물리치더니, 바둑 규칙만을 알고서 딥 러닝 8시간 만에 인간 최고수를 능가함으로써 '무에서 유'를 창조한 알파고 제로에 이르자 우린 생각이 달라졌다.

인공지능을 가진 로봇이 등장하는 트랜스포머, 매트릭스와 같은 공상과학영화가 마치 현실화될 것처럼 느껴지기 시작했다. 미국에서는 인공지능으로 인해 저소득층 일자리의 83%가 사라질 것이라는 전망이 나오고, 더 이상 이러한 변화를 혁명이라고 얘기하는데 이의를 달지 않게 되었다. 그러나 역사적 대전환기의 새로운 가능성에 대한 상상력이 자극을 받기도 하지만 한편으로는 가보지 않은 길에 대한 불안도 공존하고 있다.

인공지능AI, 블록체인Block Chain, 클라우드Cloud, 데이터Data와 같은 4차 산업혁명의 대표적 신기술 ABCD가 확산되면서 금융부문에도 핀테크로 대변되는 물결이 거세게 몰아치고 있다. 골드만 삭스가 스스로를 '금융회사가 아닌 IT 회사'라고 선언한 2015년 이후 국내 많은 금융회사들도 앞 다투어 디지털 변혁을 부르짖고 변화의 물결에 뒤지지 않기 위해 핀테크 랩을 운영하는 등 새로운 금융서비스를 만들어내기 위해 노력하고 있다.

그러나 금융회사의 수익원이 이자수익이나 위탁 수수료 등 단순한 구조에 치중되어 있다는 비판이 여전한 가운데 시끌벅적한 디지털 변혁의 발걸음이 제대로 가고 있는 것인지 경영자들은 늘 불안하다. "우리가 필요한 것은 뱅킹Banking인가, 뱅크Bank인가?"라는 물음에 가슴이 떨리고, 간편 결제로부터 송금업무를 거쳐 각종 금융상품 판매, 투자 분석 등으로 진화하는 핀테크 업체들의 성장을 바라보는 마음은 대견스러우면서도 한편으로는 불편하다. 불편함은 밑바탕에 미지의 세계에 대한 불확실성과 나날이 발전하는 기술에 대한 무지가 자리 잡고 있기 때문이기도 하다. 협력과 시너지의 길은 멀고 비금융회사들은 금융 업무를 잠식하고 있는데, 각종 규제로 인해 금융은 비금융업 진출이 여의치 않으니 앞마당을 내어 주어야 할지도 모른다.

은행 업무의 90% 이상이 사람과 마주할 일 없이 처리되고 있고, 챗봇과 로보어드바이저가 사람을 대신해 상담도 하고 투자도 조언해주고 있다. 아직 초기 단계라고는 하지만 인간 삶의 질을 향상시키고자 하는 각종 기술의 발달이 오히려 대다수 인간의 일자리와 생각을 빼앗을까 두려워지는 세상이기도 하다.

탈규격·탈규제·탈이념·탈권위의 4가지 궤도 이탈을 특징으로 하는 4차 산업혁명 시대에 경영자들은 어떻게 해야 할까.

먼저, 경영자들은 과거의 일사불란한 일방적 명령이나 지시로는 더 이상 조직을 경영할 수 없다는 것을 인식할 필요가 있다. 경영자보다는 직원들이 더 전문적이고 뛰어난 시대다. 직원들이 스스로 적응하고 변화할 수 있도록 이들을 자율적 주체로 인정하고 권한을 과감히 위임하는 임파워먼트Empowerment 경영이 필요하다. 기술 간의 융합이 활발해지면서 기회와 위협이 공존하는 상황에서는 열린 마음으로 다양성을 존중하고 조직 구성원들의 창의성을 이끌어낼 수 있는 리더십이 중요하다. 흔히 실패를 용인하는 문화, 실패의 경험을 사회적 자산으로 축적하는 문화가 자리 잡아야 핵심 역량이 길러진다고 한다.

그러나 단기적 성과에 따라 자리를 보전하는 경영자들이 이러한 축적의 시간을 갖기란 쉬운 일이 아니다. 따라서 혁신 투자에 대하여는 일정 허용 범위를 설정하여 실수를 용인하고 경험을 통해 배우는 것을 돕는 리더십을 발휘할 필요가 있다.

또한 경영자는 복잡성이 심할수록 단순화를 지향해야 한다. 변화에 적응해야 한다는 강박관념과 단기성과에 집착하는 경영자들은 뭐라도 하려고 조직을 만들고 새로운 것을 시도하다가 복잡성Complexity의 함정에 빠지기 쉽다. 특히 위계질서와 관료주의 전통이 심한 기업이라면 더욱 그러하다. 복잡성에 빠지면 본질적이지 않은 일에 자원과 시간을 낭비하다가 궁극적으로는 시장 경쟁력이 저하된다. 따라서 경영자는 생각과 행동을 단순하고 일관되게 보여주어야 한다. 리더의 행동방식이 조직 문화에 영향을 끼치게 되기 때문이다.

경영자가 제대로 변화나 기술을 알지 못하고 부하직원들에게 의존하다 보면 '주인과 노예의 역설'에 빠질 수 있다. 따라서 경영자는 끊임없이 공부하고 생각하면서 제대로 변화를 선도하여야 한다. 그것이 디지털 변혁을 이끄는 리더의 운명이며 자격이다.

(2019.1.21. 이데일리 목멱칼럼, 부분 수정)

4차 산업혁명 시대 리더십과 논어

리더십 이론도 유행을 따른다. 지난 2017년 초 다보스포럼에서는 이제 수직적 리더십의 시대가 끝나고 소통과 책임의 리더십 시대가 도래했다고 선언했다. 기술 간 융합이 가속화되고 새로운 기회와 위협이 공존하는 상황에서는 과거 칸막이 식 조직문화나 위계질서를 토대로 한 수직적 리더십은 더 이상 유효하지 않으며 보다 열린 마음으로 다양성을 존중하고 조직 구성원들의 집단 창의성을 이끌어낼 수 있는 리더십이 필요하다는 것이다.

리더는 조직에 영향력을 행사하는 자이고 사람이 모인 것이 조직이므로 사람의 감정을 다스리는 것이 곧 리더십의 중요 요소이다. 리더십의 원천은 하드웨어적인 권력이지만 실제 리더십은 수평적이고 부드러울수록 좋다. 직원들의 마음을 얻고 조직 신뢰를 형성하는 것이 결국 좋은 성과와 연결된다는 점에서 민주적이고 협력적인 리더십이 각광을 받기도 했고 감성적 리더십이나 서번트Servant 리더십 또한 큰 지지를 받았다.

지금 세상은 하루가 멀다 하고 기술이 발전하고 경영환경은 조직 생존을 걱정할 만큼 어렵고 불확실한 세계로 치닫고 있다. 4차 산업혁명은 초연결과 초융합을 특징으로 한다. 조직의 미래를 책임진 리더는 모든 게 불안하다. 팔로어십도 중요하다고 하지만 리더십의 무게는 여전하다. 과거와 같이 리더 혼자서 무엇을 할 수 있는 것은 아니나 리더십은 더욱 중요해지는 시대이다. 결국은 세상의 변화 속도나 그 모양을 제대로 알고 이에 대한 대응 능력을 키우는 것이 리더십의 핵심이다.

리더는 폭넓은 신뢰를 바탕으로 직원들이 창의성을 발휘하고 변화에 적응할 수 있는 환경을 조성해야 한다. 소통장벽을 없애고 수평적 조직문화를 만들어야 한다. 또한 세상의 변화를 감지하고 기회를 포착해 창조와 혁신을 도모할 수 있는 능력도 길러야 한다. 창의성과 자율성이 제대로 가치를 발휘할 수 있도록 일선 조직에 권한을 위임해야 한다. 리더가 모든 것을 알 수는 없지만 상황을 리드할 수는 있어야 한다. 그러자면 리더는 무한 학습자가 돼야 한다. 훌륭한 리더는 지식을 배우고 익히며 호기심을 멈추지 않아야 할 것이다.

군자의 덕목을 가르치는 2,500년 된 리더십 이론인 논어에는 "아는 것을 안다고 하고, 모르는 것은 모른다고 하는 것, 이것이 아는 것"이라고 하고 "충실과 신의를 중시하고, 잘못이 있으면 고치기를 주저하지 말아야 한다"고 했다. "아침에 도를 깨달으면 저녁에 죽어도 좋다"고 한 공자의 가르침은 호기심과 배움의 끝판왕이 아닐까. 유구한 세월을 관통해 4차 산업혁명 시대의 리더십도 사람의 마음을 얻는 것이 진리라는 것을 확인하면 리더들도 조금은 안심이 될 것 같다.

(2019.3.25. 서울경제 로터리 칼럼)

PART 2

혁신의 돌풍

03

4차 산업혁명과
금융의 소용돌이

"우리는 지금까지 우리가 살아왔고 일하고 있던 삶의 방식을 근본적으로 바꿀 기술 혁명의 직전에 와 있다." 클라우스 슈밥Klaus Schwab 세계경제포럼 회장이 2016년 다보스 포럼에서 4차 산업혁명을 화두에 올리며 한 이야기다. 불과 얼마 전까지 우리는 컴퓨터, 인터넷, 반도체와 IT 기술이 이끄는 디지털 혁명의 연장선 정도로 지금의 변화를 생각했다. 그러나 이제는 인공지능, 블록체인, 클라우드 등 신기술이 촉발하는 변화의 강도와 범위가 가히 혁명적 수준으로 진화하고 있음을 그 누구도 부인하지 않는다. 금융 산업 또한 초연결 기반의 지능화 혁명과 정보통신기술ICT의 융·복합으로 디지털 전환이 가속화되는 물결에 놓여 근본적 변화를 맞이하고 있다.

4차 산업혁명의 기반 기술인 인공지능AI, 빅데이터Big Data, 클라우드 컴퓨팅Cloud Computing, 사물인터넷IoT 등 디지털 혁신 신기술이 금융 산업에 접목·활용되면서 빅데이터 분석 기반 맞춤형 금융서비스 제공, 금융 플랫폼 경쟁 본격화, 모바일 기반의 비대면 금융거래 확대, 지급결제 수단의 간편화 및 다양화 등 급속한 디지털 전환을 통해 전통 금융 산업의 패러다임 자체가 바뀌고 있다. 디지털 전환의 관점에서 몇 가지를 살펴보자.

금융 산업 플레이어의 다변화

이제 금융은 금융회사만의 전유물이 아니다. 오로지 금융회사만이 여러가지 금융서비스를 영위하던 구조에서 이제는 예금·대출·송금·결제·투자자문 등 금융서비스 기능별로 금융이 분화하는 언번들링Unbundling 현상이 심화됨에 따라 비금융회사를 포함한 다양한 금융서비스 사업자가 출현하고 있다. 또한 금융소비자가 보다 적극적으로 필요한 서비스를 선택하고 이용하게 됨에 따라 금융회사 우위의 금융서비스 제공 방식이 이제는 금융소비자 우위 시장으로 바뀌고 있다. 즉 공급자 주도 금융이 수요자 주도 금융으로 변하고 있다. 그러다보니 빅데이터와 인공지능 기술을 이용하여 금융소비자별로 필요한 서비스를 맞춤형으로 제공하는 형태로 금융서비스의 내용도 달라지고 있다.

금융 플랫폼의 개방

오픈뱅킹으로 금융결제망이 개방되고 마이데이터 산업이 도입되면서 가두어져 있던 데이터가 세상 밖으로 나오기 시작했다. 금융회사들만의 전유물이던 금융 플랫폼이 금융회사 간, 금융회사와 비금융회사 간에 공유되면서 네트워크와 데이터에 대한 소유 개념이 바뀌고 있다. 과거 핀테크와 빅테크 기업은 금융결제망에 직접 참가할 수 없다보니 은행과 각각 제휴를 맺어야 했고 높은 이용료를 부담하다보니 금융서비스를 개발하고 제공하는데 제약이 있었다. 과거 금융업은 자사 고객에 한정하여 금융서비스를 제공하고 결제기능을 제공하였으며 데이터 인프라도 폐쇄적이었기 때문에 플랫폼 성장에 한계가 있다고 비판을 받아온 산업이기도 하다. 하지만, 디지털 기술의 발전과 모바일 기반 금융서비스 이용을 선호하는 소비자 성향 등 환경 변화와 함께 하나의 금융 플랫폼에서 여러 금융회사와 핀테크 기업이 서비스를 제공하는 오픈뱅킹Open Banking이 2019년 12월 전면적으로 시행되면서 금융 혁신의 촉매제가 되었다. 여기에 2021년 2월 시행된 마이데이터 산업(본인신용정보관리업)은 모든 금융회사 등의 신용정보를 모아서 활용할 수 있게 됨으로써 데이터 인프라 공유 측면에서 획기적 변화를 가져왔다. 이제 시작일 뿐이다.

내 손안의 디지털 금융, 비대면 금융거래의 확대

스마트폰의 보급, 정보통신기술ICT의 급속한 발전은 금융 산업의 변화도 견인하였다. 특히 생활에 필요한 다양한 서비스가 집적된 스마트폰은 이제 우리 삶의 일부이자 필수품으로 자리 잡았고 디지털 금융에서 가장 중요한 채널로써 내 손안의 금융Pocket finance 수단으로 입지를 굳혔다.

한국은행 금융안정보고서(2020.12.)에 따르면 2016년 이후 최근 4년간 비대면 금융거래 현황을 조사한 결과, 6개 부문(결제, 여신, 수신, 증권, 보험, 기타)의 비대면 거래규모는 평균 5배 이상 증가하였으며, 특히 결제 부문은 12배 증가한 것으로 나타났다. 간편 결제 또한 증가하였는데, 카드사의 전체 카드결제금액 대비 간편결제 비중도 2020년 1월 14.0%에서 2020년 9월에는 16.8%로 상승하였다.

은행의 간편결제와 간편송금 거래 건수 또한 크게 늘어났다. 2020년 상반기 기준 일평균 간편결제는 700만 건을 넘어섰고, 일평균 간편송금도 300만 건에 이르고 있다. 비대면 주식거래 또한 2020년 1월부터 9월 중 일평균 75%가 비대면(모바일 트레이딩 시스템+홈 트레이딩 시스템)으로 이루어지고 있고 최근 들어 크게 증가하였다.

특히 모바일 금융거래 증가 현상은 두드러지고 있다. 2019년 인터넷 이용실태조사에 따르면 국내 인터넷 이용자 4,635만여 명 중 94.9%가 스마트폰으로 인터넷을 이용하며, 만12세 이상 인터넷 이용자 대상 금융서비스 이용현황을 조사한 결과 61.1%가 모바일 금융서비스를 이용하고 그 중 90.2%는 금융회사 모바일 앱을, 3명 중 1명인 32.3%는 인터넷전문은행 (36.8%)과 간편송금 서비스(32.3%)를 이용한 것으로 나타났다.

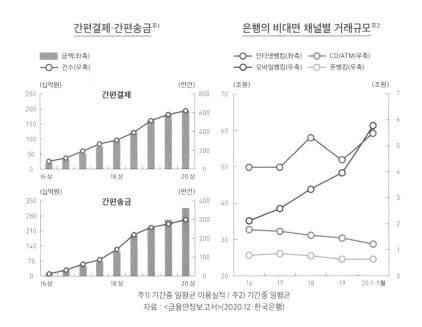

주1) 기간중 일평균 이용실적 / 주2) 기간중 일평균
자료 : <금융안정보고서>(2020.12. 한국은행)

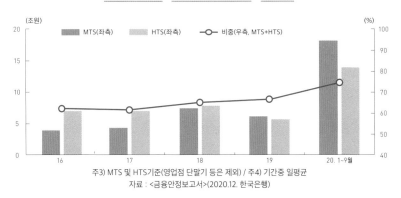

주3) MTS 및 HTS기준(영업점 단말기 등은 제외) / 주4) 기간중 일평균
자료 : <금융안정보고서>(2020.12. 한국은행)

국내 모바일뱅킹 서비스 이용현황을 구체적으로 살펴보면 2020년 6월 말 기준 거래 건수는 1억 2,583만건, 거래금액은 총 8조 2,778억원으로 2019년 하반기보다 각각 22.8%, 22.9%가 증가하는 등 모바일 기반 금융 서비스 이용률이 꾸준히 성장하고 있다. 그동안 모바일뱅킹 서비스 가입 절차의 불편함이나 모바일 기기의 도난·분실 위험, 개인정보 유출 등을 우려하여 대면 거래를 선호하던 고령층의 모바일뱅킹 서비스 가입도 점차 증가 추세를 보이고 있다. 2020년 4월 4대 시중은행(신한·KB국민·하나·우리)의 60대 이상 모바일뱅킹 가입자는 2019년 말 대비 12.9% 증가한 약 470여만 명으로 집계되었다. 여기에 코로나19 이후 은행 지점의 일시적인 폐쇄와 은행 창구 및 ATM 기기 이용에 따른 감염 우려가 증가하면서 모바일 기반 비대면 거래는 더욱 증가하는 계기가 되고 있는 것으로 보인다. 아울러, 디지털 소외계층의 정보격차 해소 등을 위한 정부 정책과 관련 교육의 확대 등에 힘입어 고령층의 모바일뱅킹 이용자 수는 앞으로 더욱 증가할 것으로 예상된다.

한편, 비대면 금융거래의 증가로 인한 부정적 영향도 간과해서는 안 된다. 비대면 거래가 증가하면서 IT 의존도가 높아지면 사이버 리스크에 더 노출되고 운영 리스크 또한 높아지며, 개인정보 유출 및 금융소비자 보호 문제 등에 취약해질 수가 있다. 또한 거래 수단이 편리해지면서 대출 확대로 가계부채가 증가할 수 있으며 이는 곧 가계부실 증가로 이어질 우려가 있다. 아울러 비대면 금융거래를 촉발시키는 핀테크와 전통 금융회사 간 경쟁이 격화되면서 금융회사 건전성에도 부정적 영향을 끼칠 수 있다. 한편, 핀테크 업체는 예금자 보호 및 부실자산 정리 등 금융안정망의 대상에서 제외되어 있어 외부 충격 발생 시 대규모 자금 유출 등에 직면할 우려가 있고 이러한 유동성 리스크는 금융회사에도 전염될 우려가 있다.[05]

핀테크와 테크핀, IT 공룡의 출현

디지털 금융의 일등 공신인 모바일과 정보통신기술ICT은 금융 혁신을 견인 중인 핀테크의 부상과 함께 새로운 금융 생태계 조성에 이바지했다. '핀테크 FinTech'는 금융Finance과 IT기술Technology의 합성어로 인공지능AI, 빅데이터 BigData, 사물인터넷IoT 등 4차 산업혁명 기반 기술이 금융서비스와 금융 시스템 등에 융합된 금융 산업 혁신의 한 형태이다. 핀테크는 글로벌 금융위기 이후 기존 금융 산업에 대한 문제의식과 신기술 발전이 맞물려 미 실리콘밸리를 중심으로 전 세계로 확산되면서 지난 10년간 빠르게 발전해 왔다. 이제는 핀테크를 제외하고는 금융을 논하기 어렵게 되었다. 지급결제 분야에서 출발한 핀테크는 송금, 자산운용, 보험, 증권업으로 그 영역을 확대하면서 금융의 본질에 발을 담그고 있다.

전통 금융회사들도 핀테크 기술 혁신에 긴장하면서 핀테크 업체와의 협

---

05   한국은행, <비대면 금융거래 현황 및 평가>, 금융안정보고서, 2020.12.

24·365 보안 이야기
The Other Side of Innovation

력과 공존을 통해 시장 지배력을 잃지 않으려고 노력하고 있다. 핀테크가 금융시장에 메기로 작용함으로써 전통 금융회사들도 긴장 속에 금융서비스를 더욱 고도화시키고 소비자 편의를 높이기 위해 노력하고 있다.

정보기술IT에 의한 각종 금융서비스 혁신을 '핀테크'로 얘기하는 것은 그 출발점이 금융서비스이고 신기술이 금융의 부족한 부분을 파고들어 접목되기 때문이다. 그러나 이제는 거대 기술기업이 자신들의 막강한 플랫폼과 빅데이터를 기반으로 금융서비스를 포섭하는 길로 진입하고 있기에 이를 우리는 '테크핀'의 시대라고 하는 것이 오히려 옳을 것이다. '핀테크'는 그래도 전통 금융이 주축이 된 상대적으로 완만한 변화였다면, '테크핀'은 거대 기술기업이 주축이 되어 금융의 패러다임 자체를 바꾸어 놓을 대변혁으로 이해된다.

핀테크에서 이젠 빅테크가 주도하는 금융으로 변모하고 있다. 빅테크 기업들은 조직의 기술력과 막강한 플랫폼을 기반으로 금융에 대한 본질을 바꾸어 나가고 있다. 특히, 혁신 금융서비스를 낮은 수수료로 제공하고 이용자 중심의 서비스 환경을 구현해가고 있다. 데이터 분석 기반의 맞춤형 서비스 제공이나 이용자 요구사항에 신속히 대처하면서 서비스를 유연하게 지속적으로 개선할 수 있다는 점에서 전통 금융회사와 차별화된 경쟁 환경을 구축하고 있는 것이다.[06]

06　빅테크는 Big과 Technology의 합성어로 명확히 통일된 정의는 없으나 일반적으로 디지털 서비스를 제공하면서 시장지배력을 가진 거대 기술기업을 지칭한다. 금융안정위원회(FSB)는 "광범위한 고객 네트워크를 통해 기존 금융상품과 유사한 금융상품 및 서비스를 직접 제공하는 대형 기술회사"로 정의하고 있다. 금융위원회는 "ICT·전자상거래 등을 통해 확보한 고객 네트워크와 빅데이터 등을 기반으로 금융업에 진출하려는 기업집단'으로 설명하고 있다. 최근에는 이러한 빅테크의 네트워크와 빅데이터를 기반으로 금융중개기능을 효율화하려는 "플랫폼 금융 활성화 방안"도 정책당국의 주요 정책 목표가 되고 있다.

은행들은 다양한 핀테크 서비스를 제공하는 플랫폼으로 변모하며 핀테크와 공존하는 노력을 기울여 나갈 것으로 보인다. 핀테크, 전통 금융회사, 그리고 빅테크 간에는 경쟁뿐만 아니라 협력의 필요성도 더욱 커질 것이다. 핵심기술을 선제적으로 확보하고 유망 산업 트렌드 변화에 적극적으로 대응해야만 금융회사는 그나마 생존이 가능해질 것이다. 한 조사에서 현재의 핀테크 핵심 기술은 오픈뱅킹, 데이터 분석, 머신러닝과 인공지능이며, 10년 후 핀테크의 핵심 기술로는 가장 우선순위가 머신러닝과 인공지능, 2위가 사물인터넷, 3위가 로봇 공정 자동화가 될 것이라는 전망이다.[07] 이를 금융권으로 돌려보면, 필자는 데이터와 이를 분석할 수 있는 인공지능을 비롯한 다양한 신기술이 될 것으로 보인다. 핀테크는 비금융회사가 주체가 되는 개념으로 시작되고 확산되었으나 금융회사들도 대응노력을 기울일 것이므로 앞으로의 핀테크는 금융에 점차 녹아들 것이다. 그 과정에서 기술과 데이터로 무장하는 것은 금융회사에게 생존의 조건이다. 문제는 빅테크의 등장은 기존의 핀테크와는 그 파급효과가 다르다는 점이다. 당국은 금융의 효율성 증대를 위해 혁신을 저해하지 않으면서도 공정경쟁 환경을 만들어야 한다. 그러나 현실은 시장참여자 간의 첨예한 이해관계 대립이 지속적으로 이어질 것이다. 그러다 보니 금융당국 및 공정경쟁당국은 정책의 수립과 조합 Policy mix, 집행 그리고 시장참여자 간 이해관계 조율 등에 있어 거의 예술적 경지의 능력을 발휘해야 한다. 더구나 국내 빅테크 외에 글로벌 플랫폼 기업

07　하나금융경영연구소, <향후 10년의 핀테크, 새로운 기회와 제약요인>, 하나금융포커스 제10권 23호, 2020.11.09. ~ 2020.11.22. 등

들에 대한 규제 등과 관련한 통상 이슈 등 복잡한 방정식을 풀어야 하는 과제를 안고 있다.

04

생활밀착형 스마트 금융과 커져가는 위협

평범한 직장인의 일과에 녹아든 스마트 금융

"2021년 2월 1일 월요일, 6시를 알려드립니다."

인공지능 스피커의 모닝콜로 하루가 시작된다.

"지니야, 오늘 날씨는 어때?"

"오늘 날씨는 영하 10도로 오후 폭설이 예상됩니다."

직장인 A는 스마트폰으로 차의 시동을 걸다 오후 폭설이 내린다는 기상 예보에 시동을 끈다. 대중교통 운행 시간과 잔여 좌석을 실시간 확인하며 완벽한 타이밍에 버스에 올라탄다. 스마트폰으로 교통비를 지급하고 회사로 이동하는 동안 쇼핑을 한다. 지난 밤 장바구니에 미리 담아두었던 상품에 대해 궁금한 사항을 챗봇으로 확인한 후 사이트에 등록해 둔 결제정보로 신속하게 구매를 한다. 회사 인근 버스 정류장 하차 전 회사 근처 카페에 앱으로 미리 주문한 커피를 찾아 사무실에 들어서니 '띵띵' 월급 입금을 알리는 문자가 울린다. 카드대금, 보험료, 공과금 등으로 통장을 곧 스쳐 지나갈 월급이지만 소소하고 행복한 하루가 시작되었다.

바쁜 오전 일과 후 동료들과의 점심 식사 시간, 간편결제 덕에 깔끔하게 더치페이로 결제를 하고 남은 휴식 시간에 이사할 집을 알아본다. 전세 기간이 곧 만료되어 회사 근처로 매물을 알아보는데 전세금이 부족하다. 금융 앱을 실행하고 지문 인식으로 본인임을 인증하고 은행 계좌별 잔액과 앱에서 분석해주는 지난 소비 패턴을 보며 불필요한 지출을 줄이기로 마음먹는다. 앱에서 제공하는 금융사별 대출 가능 금액과 이자를 비교해 보고 비대면 대출을 신청한다. 추가로 부족한 전세금은 곧 만기가 되는 저축성 보험금을 받으면 어찌어찌 해결될 것 같다.

A는 합리적인 소비활동을 위해 통장 쪼개기를 결심하고 스마트폰에 인터넷전문은행 앱을 설치하였다. 동시에 금융거래 편의를 위하여 자동 단어완성과 간편 로그인 기능 등을 설정했다. 비대면으로 계좌개설을 신청하니 불과 몇 분도 안 되어 계좌가 개설되었다. 퇴근하는 버스 안에서 스마트뱅킹으로 축의금을 보냈다. 코로나19 상황으로 인해 직접 가기 어려운 친구의 결혼식이 모레다. 문득 PC로 인터넷 뱅킹을 하던 시절이 생각난다. 인터넷

송금을 위하여 공인인증서부터 보안카드 번호 입력에 추가 본인인증 절차까지 참 여러 단계를 거치며 힘들게 거래했구나 싶다. 매번 계좌번호를 외우고 보안카드를 가지고 다니기 귀찮아서 보안상 위험한 줄 알면서도 보안카드를 촬영한 사진이 아직도 휴내전화에 서상되어 있음을 떠올리며 그때는 창구에서 거래하지 않는 것만으로도 편리하다고 생각했는데 새삼스럽게 기술의 발전을 체감한다. 격세지감이다.

집에 도착하는 시간에 맞춰 배달앱으로 식사를 주문하면서 연동된 카드로 미리 음식 값을 결제한다. 딱 알맞은 타이밍에 저녁 식사를 하며 주식 시세를 살피던 중 투자 종목 추천 알람이 뜬다. 추천 종목을 확인하고 신규 투자를 고민하는 찰나 보험료, 카드 값, 공과금 등이 자동이체로 빠져나가는 문자를 확인하며 이내 마음을 접는다. 오늘도 평범한 하루를 보낸 A는 수면 리듬을 확인할 수 있는 건강 앱을 실행하며 잠자리에 든다.

스마트한 일상 뒤에 숨겨진 위험

언제부턴가 너무도 평범하고 익숙한 A의 하루, 스마트폰 하나로 모든 일상의 활동이 가능해지면서 어쩌면 더욱 간편하고 다양한 서비스를 찾고 있을지도 모르겠다. 그러나 필자의 눈에는 좋은 것만 보이는 것은 아니다. 필자는 30여 년간 경제와 금융시장을 '걱정'하는 것이 일상인 금융감독자로서의 길을 걸어 왔다. 이제 3년 동안 '보안'에 깊이 발을 담그고 보니 이러한 편리한 일상 이면의 보안 취약점을 '걱정'하는 것이 또 하나 늘었다. 보안 관점에서 보면 A의 일상은 마냥 편리하고 좋아 보이는 것 너머에 다른 것이 잠재해 있다. 스마트한 일상 속 편리함의 이면에 도사리고 있는 보안 위협들이 도드라져 보인다고 해야 할까?

A는 눈을 뜨고 감는 순간, 아니 눈을 감고 있는 중에도 스마트 기기와 일상을 함께하고 있다. 생활에 필요한 정보를 실시간으로 수집·활용하여 시간을 효율적으로 활용하고 일과 속 모든 경제활동을 스마트폰으로 수행한다.

간편결제서비스 앱은 A의 금융회사별 잔액 확인과 원하는 계좌로의 송금, 투자 현황과 보험 상품 및 카드사별 지출금액 등의 정보를 한눈에 확인할 수 있게 해주고, 빅데이터 기반의 소비 패턴 분석 정보와 맞춤형 상품 추천까지 다양한 정보를 제공해 준다. 바쁜 직장인이 대출을 위해 신용등급을 손쉽게 확인하고 금융회사별 대출금액과 이자율을 파악하여 금융회사 점포를 방문하지 않고도 간단한 절차를 통해 대출을 받을 수 있다. 비대면으로 계좌 개설도 순식간에 할 수 있으며, 모바일 쇼핑은 포털사, 카드사 등에서 제공하는 다양한 결제방식을 선택할 수 있다. 인증 수단도 비밀번호, 지문 등 바이오 인증과 패턴 등으로 다양하면서도 간소해졌다.

이제 '보안'의 레이더를 켜고 발생 가능한 위험을 짚어보자.

- ■ A가 이용한 쇼핑 챗봇이 모바일에 악성코드를 유포하여 개인정보를 탈취하는 기능이 숨겨져 있다면?
- ■ 무선인터넷(Wifi)에 접속해서 금융거래를 이용했다면?
- ■ 금융정보와 개인정보가 담긴 모바일 기기를 잠금 기능 없이 이용 중이라면?
- ■ 서비스의 편의를 위해 유추하기 쉬운 패턴이나 자동 로그인 기능을 이용하고 있다면?
- ■ 금융서비스 앱에 악의적으로 정보를 탈취하려는 프로그램이 설치되어 있다면?
- ■ 상품, 신규 카드 등의 추천 서비스 알림 문자에 피싱 사이트로 연결되는 경로가 설정되어 있다면?

디지털 혁신과 보안의 줄다리기

실제 이러한 위험 요소는 우리 일상에 늘 난립해 있고 시시각각 우리의 디지털 생활을 위협하고 있다. 최근에만 해도 이런저런 위협 공격이 있었다.

2020년 3월 카카오뱅크의 한 고객 계좌에서 7차례 총 44만원의 금액이 해외에서 부정하게 결제가 되었다. 카카오뱅크는 고객에게 피해액을 지급하였으나 해외에서 고객 정보가 도용되었을 가능성을 제기하였다.[08]

---

08   "너무 편리했나? 카카오뱅크도 '나 몰래 결제'", 국민일보 외, 2020.06.17.

2020년 6월에는 간편결제 서비스를 제공하는 토스에서 8명의 고객 명의로 938만원 상당의 부정 결제가 발생하였다. 웹 상에서 생년월일, 휴대폰 번호를 통해 본인임을 인증하면 비교적 손쉬운 비밀번호를 통해 결제가 이루어지는 구조에서 취약점을 파고든 사고였다. 토스 측은 웹을 이용하는 절차 상 미비점을 보완하고 피해액을 전액 환급 처리하였다.[09]

전자금융 사고는 그 특성 상 원인을 파악하기가 어려운 경우가 많다. 개인정보 도용 사고의 경우 개인정보 유출 경로가 워낙 다양하고 공격자들은 항상 개인정보를 탈취하기 위해 활동하고 있다. 모바일 기기에 저장된 금융 데이터 및 주요 개인정보를 탈취하기 위해 끊임없이 피싱 페이지를 접속하도록 유도하고, 이용자가 깨닫지 못하는 사이에 악성코드를 설치할 수도 있다. 위조 신분증을 이용하여 알뜰폰을 개통하고 대출 사기를 저지르는 경우도 지속해서 발생하고 있다.[10]

코로나19 상황이 악화되면서 이러한 상황을 악용한 사회공학적 위협 공격도 기승을 부렸다. 2020년 3~4월 중 금융보안원 관제센터에 탐지된 코로나19 관련 메일 680만 건 중 7만 3천여 건(하루 평균 약 1500건)이 악성의심 메일이었다. 악성의심 메일을 분석하였더니 주로 4가지 유형의 공격이 발생하였다. ① 정보 탈취를 위해 정상 문서나 실행 파일로 위장하여 악성

09   "간편결제 보안 경각심 높인 '토스'부정결제 사건. 일부 가맹점'웹 결제'가 화근⋯ 보안업계 "완벽한 예방책 없다"", ZDNet
       외, 2020.06.09.
10   "카카오뱅크, 위조 신분증에 억대 대출. 알뜰폰·공인인증서도 손에 넣어. 법원 "피해자 책임 없다"판결", 내일신문,
       2021.01.26.

코드를 배포하거나, ② 정부의 세금 감면이나 마스크 판매 등을 미끼로 개인정보나 결제정보를 입력하도록 유도하는 피싱사이트, ③ 금전적 이득을 위해 정부나 의료기관을 사칭하여 직접 기부를 요청하는 금융 사기, ④ 모바일 사용자를 대상으로 문자메시지를 보내는 스미싱 공격 등을 통해 악성 앱 설치를 유도하여 정보 탈취 및 추가적인 보이스피싱 공격을 수행하는 유형이 있었다.

2020년 광복절 연휴를 하루 앞둔 8월 14일에는 국내 금융권 등을 대상으로 비트코인을 요구하는 랜섬Ransom 디도스 공격이 발생하였고 이후 2021년 초까지 금융권을 대상으로 유사한 디도스 공격이 끊이지 않고 발생하고 있다. 본인들을 팬시베어라고 밝힌 공격그룹은 이메일을 보내 10~20 비트코인(한화 2억 5천만원 상당)을 지급하지 않을 경우 디도스 공격을 가하겠다고 협박한 후 실제 초당 10기가바이트10Gbps에서 최대 초당 70기가바이트70Gbps 규모의 디도스 공격을 하고 있다.

해킹집단의 협박 메일 (팬시베어 사칭)

We are the Fancy Bear and we have chosen ███ as target for our next DDoS attack.

Please perform a google search for "Fancy Bear" to have a look at some of our previous work. Also, perform a search for "NZX" or "New Zealand Stock Exchange" in the news. You don't want to be like them, do you?

Your whole network will be subject to a DDoS attack starting in 7 days at Wednesday next week. (This is not a hoax, and to prove it right now we will start a small attack on a few random IPs from ███████ range that will last for about 60 minutes. It will not be heavy attack, and will not cause you any damage, so don't worry at this moment.)
There's no counter measure to this, because we will be attacking your IPs directly (we have all your IPs) and our attacks are extremely powerful (peak over 2 Tbps)

This means that your websites and other connected services will be unavailable for everyone. Please also note that this will severely damage your reputation among your customers who use online services.

The worst of all, you will lose Internet access in your offices too.

We will refrain from attacking your network a small fee. The current fee is ███ Bitcoin (BTC). It's a small price for what will happen when your whole network goes down. Is it worth it? You decide!

We are giving you time to buy Bitcoin if you don't have it already. And enough time for this message to reach somebody from your management who can handle it properly.

If you don't pay the attack will start and fee to stop will increase to 30 BTC and will increase by 10 Bitcoin for each day after the deadline that passed without payment.

Please send Bitcoin to the following Bitcoin address:
███████████████████████

Once you have paid we will automatically get informed that it was your payment. Please note that you have to make payment before the deadline or the attack WILL start!

If you decide not to pay, we will start the attack on the indicated date and uphold it until you do. We will completely destroy your reputation and make sure your

협박 메일에는 20비트코인을 메일에 명시한 가상화폐거래소 주소로 보내지 않으면 최고 2테라바이트 규모의 디도스 공격을 하겠다는 협박을 하고 있다. 대부분의 경우 해킹집단은 메일 발송 후 즉각 디도스 공격을 시작하며, 이후 재차 공격하겠다는 협박을 하지만 이메일에 명시한 기일에 실제로 재공격을 하는 경우는 거의 없다.

금융의 디지털 혁신은 피할 수 없는 도도한 물결이다. 공격자들은 과거부터 사용하던 공격방식 외에도 새로운 취약점을 끊임없이 찾고 있다. 금융회사 간 경계 없이 하나의 플랫폼에서 모든 금융거래가 가능한 오픈뱅킹 환경은 개방형 집중 서비스 구조를 갖고 있다. 따라서 공격자의 해킹 공격이 성공할 경우 연계된 모든 금융회사에 피해가 발생할 수 있다. 한편 금융결제망에 새로이 접근이 허용되는 핀테크 업체의 경우 금융회사보다 상대적으로 보안 수준이 낮을 수밖에 없어 공격자의 주요 목표가 될 수 있다. 특히, 공격지가 금융회사 서비스 플랫폼에 디도스 공격을 감행하여 서비스 안정성을 위협하거나, 인공지능 기반 서비스 조작 및 프로그램 오류 유도 등으로 금융회사에 금전적인 협박을 가할 경우, 금융소비자의 신뢰를 잃는 것은 순식간이다.

초연결 세상이 확장되는 것은 공격자 입장에서는 공격 환경이 그만큼 좋아지는 것이다. 사물인터넷은 단말기 하나하나가 모두 공격의 통로가 될 수 있다. 클라우드 이용이 확산되는 환경에서 클라우드에 대한 공격이 성공할 경우 공격자 입장에서는 상상 이상의 성과를 거두는 것이 된다. 인공지능이 갖고 있는 취약점을 파고 들 경우 그 부작용은 한두 건의 해킹에 비할 바가 아니다. 새로운 디지털 전환이 가속화되는 금융서비스 환경에서는 관리해야 할 수많은 보안 위협 요소와 각종 예측 불가능한 보안 위협이 도사리고 있으며, 사고가 발생하게 되면 그만큼 막대한 피해가 발생할 리스크가 있다. 혁신과 보안은 그래서 항상 그 강도가 비례한다.

중요하고 시급한 인공지능 정책 인프라

한 이동통신사의 인공지능AI 돌봄 서비스 광고에는 독거 어르신이 AI 스피커를 통해 일기예보와 오늘의 운세를 듣고 AI 스피커와 대화하는 모습이 나온다. 생일날 좋아하는 노래를 들으며 더 이상 혼자가 아니라고 말하는 장면은 기계와 인간 사이의 교감을 바탕으로 한 공존의 상징적인 모습이다. 2020년 7월 과기정통부가 발표한 국내 '4차 산업혁명지표'에 따르면 전년도 대비 올해 AI 스피커 누적 판매대수는 2배, AI 개발을 위한 공개 프로그램(오픈 API) 활용건수는 무려 8배나 증가했다. 스마트폰이 등장하고 10년 만에 우리의 삶이 완전히 바뀐 것처럼 머지않아 AI가 개인 삶의 질을 크게 개선해줄 것이라는 기대를 품게 된다.

하지만 AI가 그리는 장밋빛 청사진의 이면에는 갖가지 부작용에 대한 우려도 함께 존재한다. 페이스북은 AI 기반 주택광고에서 백인에게는 '매매'를, 유색인종에게는 '월세'를 많이 노출해 인종차별 논란에 시달렸다. 알파고의 구글도 흑인 여성을 고릴라로 태그Tag하는 등 편향된 결과를 도출해 AI의 신뢰성과 윤리성 문제가 대두됐다. 보안 측면에서도 음성 모방 보이스피싱이나 AI 입력 데이터 조작 등 새로운 공격기법이 출현하고 있으며 AI 학습 과정에서 무분별한 개인정보 수집 이슈도 지속적으로 제기되고 있다. AI도 결국 이를 설계한 사람의 통제 하에 있는 만큼 악의적인 의도로 사용될 위험성은 여전하다.

한편 세계 각국은 AI의 부작용을 최소화하고 글로벌 AI 주도권을 확보하기 위해 국가 차원의 각종 정책을 적극 추진 중이다. 미국은 2020년 2월 AI 국가전략이 포함된 'AI 리더십 유지 행정명령'을 발표했고 상하원에서는 알고리즘 책임법, AI 윤리 개발 결의안이 발의 또는 채택됐다. 유럽연합도 AI 활용 사업자에 대한 규제 및 정보주체의 권리내용 등을 개인정보보호지침GDPR에 포함한데 이어 2020년 4월에는 AI 서비스 개발 시 지켜야할 윤리 가이드라인을 발표했다. 중국은 2017년에 이미 '차세대 AI 발전계획'을 수립하고 정부 차원의 AI 육성 및 관리정책을 시행 중이다. 이러한 국제 사회의 움직임은 주로 AI의 활용 원칙과 윤리 문제, 그리고 관련 보안 이슈 및 개인정보 보호 문제를 다루고 있다.

우리나라도 이러한 국제적 논의에 비춰 AI 활성화를 위한 정책적 노력이 시급한 실정이다. AI는 처리결과를 예측할 수 없는 특성이 있어 책임 소재 등 법적 불확실성이 상존하며 이는 AI 산업 발전에 큰 저해요소가 되고 있다. 따라서 국가 차원의 정책적 뒷받침을 통해 이러한 불확실성을 신속하게 해소하는 것이 무엇보다 중요하다. AI와 금융서비스의 접목이 활발한 금융권에서도 AI 발전전략이나 윤리 기준, AI 환경에 부합하는 감독, 검사기준이 새로운 보안성 평가기준과 함께 마련될 필요가 있다.

이어령 문화평론가는 AI가 인류를 지배하게 될 것인지에 대해 "인간이 말과 경주를 하면 반드시 진다. 그러나 인간이 말에 재갈을 물리고 그 말에 올라타면 인간이 말을 이긴다."는 의미심장한 말을 한 바 있다. 좋든 싫든 AI는 미래산업의 핵심기술이 될 것이고 계속 발전해 나갈 것이 확실하다. AI라는 말에 올라탈 수 있도록 세계적 추세에 맞춰 관련 정책과 기술을 개발하고 전문 인력을 양성하는 등의 인적, 제도적 인프라를 시급히 구축해야 한다.

(2019.7.10. 머니투데이, 부분 수정)

핀테크 시대의 주춧돌, 금융 보안

금융Finance과 기술Technology이 결합된 핀테크는 우리에게 매우 친숙한 용어가 되었다. 기술이 금융에 활용된 것은 이미 오래 전부터의 일이다. 1980년대부터 컴퓨터가 은행에서 활용되었고, 인터넷을 이용한 금융거래는 2000년대에 도입되었다. 기존의 금융서비스를 효율화하기 위해 기술을 활용한 것을 '전자금융'이라 불러왔다면, 정보통신기술ICT을 활용한 새로운 서비스를 만들어내는 것이 '핀테크'라고 할 수 있다.

최근의 금융 거래는 90% 이상이 모바일, 전화, 인터넷 등을 통해 비대면 방식으로 이루어지고 있기 때문에 정보통신기술은 그 자체가 금융시스템을 구성하는 필수적 요소로서 핀테크는 어쩌면 당연한 시대적 흐름을 반영하는 산물이기도 하다.

현재 우리나라에서 핀테크로 가장 활성화된 서비스는 간편송금과 간편결제이다. 두 가지 서비스의 핵심은 어느 정도 보안수준을 유지하면서도 이용자가 아주 편리하게 송금과 결제를 진행하도록 하는 것이다. 보안성과 편리성의 균형을 이루어야 하는 핀테크의 시대, 대표적인 두 가지 사례를 살펴보자.

최초의 핀테크 기업이라 불리는 페이팔은 간편결제 서비스를 제공하고 있다. 온라인쇼핑 도입 초창기에 아이디와 비밀번호만으로 결제가 가능하도록 하여 온라인 결제 시장을 장악하였다. 그러나 아이디와 비밀번호만으로는 보안수준이 충분하지 않기 때문에 페이팔은 이상금융거래탐지시스템Fraud Detection System을 활용하여 이를 보완하였다.

그러나 모든 이상금융거래를 탐지할 수 있는 것은 아닐 뿐만 아니라 탐지 기준을 지나치게 엄격하게 운영할 경우 이용자의 불편이 초래될 수 있기 때문에 적절한 수준에서 보안 기능을 수행할 수밖에 없는 한계가 있다. 그러다보니 상대적으로 많은 사고가 발생하고 있고, 이를 보상하기 위해 계약 업체에게 높은 수수료를 부과하였다. 한편으로는 편리성을 조금 양보하더라도 높은 보안 수준을 원하는 이용자를 위해 일회용 비밀번호One Time Password 기능을 옵션으로 제공하고 있기도 하다.

인터넷전문은행인 카카오뱅크는 단기간에 영업규모가 크게 성장하였다. 메신저와 연계한 간편 로그인으로 송금이 가능하고, 필요한 기능을 중심으로 쉬운 인터페이스를 제공하여 젊은 이용자를 확보하고 있다. 젊은 층을 공략하고자 하는 선택과 집중 전략의 일환으로 모바일뱅킹만을 거래수단으로 제공하고 있다.

뱅킹 앱은 이용자가 지정한 한 대의 스마트폰에서만 사용할 수 있다. 앱 설치 시에 다양한 스마트폰 정보를 수집하여 다른 스마트폰에서는 이용자의 로그인 정보를 알더라도 사용할 수 없도록 함으로써 보안 수준을 높였다. 이러한 보안 기능은 PC에서는 운용하기가 곤란하나 모바일에서는 유용하다.

카카오뱅크가 모바일뱅킹만을 제공하는 또 다른 이유이기도 하다. 그러나 이것만으로는 보안이 충분치 않다. 카카오뱅크도 높은 보안 수준을 원하는 이용자를 위해 일회용 비밀번호, 지연이체, 입금계좌 지정서비스 등 다양한 옵션을 제공하고 있다.

최근에는 이러한 카카오뱅크의 편리성과 보안성을 갖춘 서비스를 일반은행도 유사하게 제공하고 있다.

핀테크 시대에 보안성과 편리성 두 마리 토끼를 잡는 가장 각광받는 보안기술은 바이오 인증이다. 지문, 홍채와 같이 사람마다 다른 바이오 정보는 이용자 입장에서는 이를 기억할 필요도 없고, 잃어버리지도 않는 가장 편리한 인증 수단이다. 스마트폰의 성능이 좋아지고, 바이오 정보를 인식하는 센서가 스마트폰에 탑재될 만큼 소형화됨에 따라 거의 모든 스마트폰은 바이오 정보를 활용한 인증 기능을 제공하고 있다. 금융회사와 핀테크 기업들은 스마트폰에서 제공되는 다양한 앱을 바이오 인증과 연계하여 제공하고 있다. 그러나 비밀번호, 일회용 인증번호, 카드키 등 다른 인증 정보는 유출 시 변경할 수 있으나, 바이오 정보는 바꿀 수가 없기 때문에 절대 유출되어서는 안 된다.

한편 핀테크와 보안기술이 발전하는 만큼 해커들의 공격방식도 지속적으로 진화하고 지능화되고 있다. 특정 대상을 표적으로 지능형 지속공격Advanced Persistent Threat을 수행하기도 하고, 컴퓨터 시스템이나 데이터를 암호화한 뒤 이를 인질로 금전을 요구하기도 한다.

또한 최근 발생한 은행 인터넷 뱅킹에 대한 대규모 부정 로그인 사례도 우리에게 경각심을 주고 있다. 취약한 다른 사이트나 기업에서 유출된 아이디와 비밀번호 정보가 금융회사 공격에 이용된 것으로 볼 때 SNS에 올린 정보, 재미 삼아 가입한 사이트가 또 다른 사이버 공격의 출발점이 될 수도 있다.

핀테크 서비스는 금융이용자에게 편리성과 보안성을 동시에 제공하고 있다. 그러나 다양한 보안기술들도 한계를 가지고 있고, 현재 안전한 보인기술도 기술 발전에 따라 언젠가는 안전하지 않을 수 있다.

또한 취약한 사이트에서 유출된 정보가 금융 재산이나 정보를 탈취하는데 사용될 수도 있다. 금융이용자는 금융거래용 아이디와 비밀번호를 다른 인터넷서비스와는 다르게 설정하는 등 최소한의 보안수칙을 준수하면서 본인이 원하는 보안 수준을 선택함으로써 핀테크 서비스를 보다 안전하게 이용할 수 있다.

금융보안은 금융회사의 역할이 중요하나, 무엇보다 금융소비자 스스로의 인식과 실천이 동반되어야 할 것이다.

(2018.7.23. 한국금융신문)

4차 산업혁명 시대와 일자리

굳이 4차 산업혁명이라는 말을 끌고 올 필요도 없다. 언제부터인가 우리는 무인자판기에서 햄버거를 주문하고 스마트폰 앱으로 물건을 구입한다. 시장에도 갈 필요가 없다. 은행 거래의 90%는 사람을 보지 않고 인터넷이나 모바일·자동화기기ATM로 이뤄지고 있고 약 900개의 은행 점포가 5년 사이에 사라졌다. 우리 주변에는 사람들의 일이 점점 기계로 대체되는 현상이 비일비재하다.

첨단업종 중심으로 산업구조가 변하고 저성장 고령화 사회로 이행되면서 구조적으로 어려운 경제 상황에서 4차 산업혁명의 거대한 물결이 휘몰아치고 있다. 4차 산업혁명은 사물인터넷IoT 등을 통한 빅데이터의 수집, 인공지능AI을 이용한 분석, 블록체인 기술을 이용한 탈중앙화 시스템 확산, 클라우드를 이용한 정보기술IT 자원의 효율적 확장 등이 5세대5G 통신기술을 통해 결합되면서 모든 분야에 걸쳐 새로운 질서를 만들고 있다.

인간 문명을 발전시키는 기술혁신으로 생산성이 급격하게 증가하고 모든 생산이 기계나 AI로 대체돼 인간의 노동력이 더 이상 필요 없는 상황이 되는 것은 아닌지 우려가 커지고 있다. <유엔 미래보고서 2045>에서는 향후 일Work은 없어지지 않겠지만 일자리Job는 사라지고 특히 전문직의 대부분이 소멸할 것이라고 했다. 스티븐 호킹, 빌 게이츠 등은 향후 AI의 발전이 일정한 임계점을 넘어서면 인류보다 빠른 속도로 진화해 인류의 미래를 위협할 것으로 봤다.

한편으로는 4차 산업혁명이 진행되더라도 일자리는 줄지 않을 것이라는 주장도 많다. 인간의 욕망이 무한하기에 새로운 욕구와 소비가 늘어나 일자리가 줄지 않을 것이라는 얘기다. 또 투입되는 자원이 한정돼 있어 기술혁신으로 생산성이 급격히 늘어나기 어렵다는 것이다. 그러나 분명한 것은 개별 업종이나 조직 단위로는 기술혁신으로 인한 일자리의 변화가 불가피해 보인다는 점이다.

먼저 일자리의 내용이 변하고 있다. AI가 발전하면서 정형화된 직무를 중심으로 사람보다는 기계가 그 역할을 상당 부분 대체하고 있다. 따라서 사람이 하는 일의 내용이 기계와의 협력이나 기계가 처리하기 어려운 것 중심으로 변하게 될 것이다. "지능 테스트에서 컴퓨터가 성인 수준의 성과를 보이게 하기는 쉽다. 그러나 한 살짜리 어린아이의 스킬을 컴퓨터에 가르쳐주는 것은 어렵거나 불가능한 일"이라는 모라베크의 역설Moravec's Paradox은 로봇으로부터 살아남아야 하는 인간에게 시사하는 바가 크다.

노동시장에서 고용 관계나 근무 형태의 변화도 예견된다. 변화에 대응하기 위한 아웃소싱 같은 외주 형태가 늘어나고 조직 내에서도 재택근무, 모바일 근무, 공동 사무실 등 공간을 분산하거나 가상화하는 다양한 고용 형태가 늘어날 수도 있다.

미래는 불확실하다는 것만이 확실한 세상이다. 기계가 대체하기 어려운 영역을 중심으로 일자리의 내용이 바뀐다면 이에 맞춰 학교 교육과 직업능력 교육도 변해야만 한다. 그래야만 논리적 사고력과 창조적 능력을 갖춘 4차 산업혁명 시대의 인재가 육성될 것이다. 아울러 4차 산업혁명의 변화가 진행될수록 구조적 실업이 증가할 수 있으므로 산업·노동 정책도 직무 이동성Job mobility을 원활하게 할 수 있도록 변해야 한다. 일자리는 개인의 생계를 유지하고 삶의 보람을 느끼는 자아실현의 터전이며 이 사회를 지탱하는 주춧돌이다. 궁극적으로 인간의 행복을 추구해야 할 혁신 기술이 오히려 삶의 기반을 흔들어서는 안 될 것이다.

(2019.3.4. 서울경제 로터리 칼럼)

PART 3

진화하는
사이버 위협

05

해킹 협박 사건으로 본 랜섬웨어

다크웹이란 무엇인가

2020년 11월 해커 조직이 A기업을 공격해 탈취한 정보를 공개하겠다고 협박하며 A기업에 약 4천만 달러를 요구한 것으로 알려졌다. A기업이 정보 탈취를 부인하며 협박을 받아들이지 않자 해킹범들은 2020년 12월 3일 18시경 다크웹에 탈취하였다는 카드정보 10만 건을 공개하였다. 이후 12월 26일까지 총 10차례에 걸쳐 100만 건을 공개하였다.

다크웹은 도대체 무엇인가, 그리고 어떻게 카드정보가 다크웹에 돌아다니는가.

우리는 인터넷 없이는 살 수 없는 초연결 시대를 살고 있다. 인터넷을 통해 검색을 하는 사이트와 사이트 간의 연결을 웹Web이라고 한다. 인터넷은 세 가지 구조로 이루어져 있다. 우리가 일상으로 접속하는 구글, 페이스북, 트위터, 네이버와 같은 인터넷 웹사이트는 서피스웹Surface Web 또는 표면웹이라고 하여 전체의 약 4%를 차지하고 있다. 또한 사용자 인증을 통해 인증된 사용자만 볼 수 있는 웹페이지나 기업이 내부적으로 사용하는 웹페이지 같은 것은 딥웹Deep Web 또는 심층웹이라고 하여 약 90%를 차지한다. 그리고 다크웹Dark Web이라는 것이 있다. 암호화된 네트워크에 존재하며 일반 검색엔진을 이용한 검색은 불가능하고 토어TOR : The Onion Router라는 특정한 브라우저로만 접속이 가능하다. 이러한 다크웹은 대부분 불법적인 용도로 이용되고 있으며 전체 웹 중 약 6%를 차지하고 있다.[11] 표면웹보다 오히려 더 큰 영역을 차지하고 있는 것이다.

서피스웹(Surface Web), 딥웹(Deep Web), 다크웹(Dark Web)

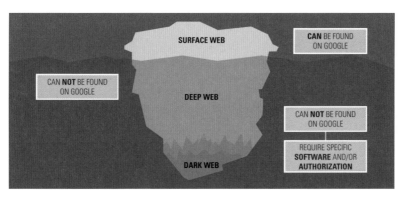

자료 : 웹의 구분(Surface Web, Deep Web, Dark Web)(The Dark Side of the Web, 유튜브 채널 LEMMiNO)

11   https://darkwebnews.com/help-advice/access-dark-web

다크웹에서 떠도는 고객 정보

2020년 4월 싱가포르 보안업체인 그룹아이비라는 곳에서 금융보안원으로 연락이 왔다. 그룹아이비는 다크웹 분석을 전문으로 하는 업체인데 다크웹에 한국인들의 카드정보가 유통되고 있다는 것이었다. 그룹아이비가 관리하는 사이트로 접속하여 확인해본 결과 우리나라 카드회사에서 발급된 신용카드정보 약 90만 건이 다크웹에서 유통되고 있었다. 자료를 입수하여 이를 카드회사 별로 분류한 후 카드회사에 연락하여 해당 카드정보가 유효한 것인지를 확인하도록 했다. 아울러 유효한 카드정보에 대하여는 정보가 유출되었으므로 고객에게 연락을 하여 카드를 재발급하도록 조치하였다.[12] 다크웹에서 돌아다니던 카드정보에는 카드번호, 유효기간 등도 포함되어 있어서 자칫 소비자 피해로 이어질 수 있기 때문에 카드회사 입장에서는 해당 카드정보를 폐기하고 새로운 카드로 발급하는 것이 필요하다. 또한 카드회원들이 해당 카드를 재발급하지 않는 경우도 있기 때문에 이 경우에는 부정하게 사용되고 있는 것은 아닌지 세밀하게 모니터링을 해야 한다. 이를 위해 카드회사들은 유출되었으나 고객이 재발급을 받지 않은 카드정보에 대하여는 운영 중인 이상금융거래탐지시스템FDS : Fraud Detection System(**'부정사용방지시스템'이라고도 한다**)에 등록하여 관리하고 있다.

---

12   "다크웹에 떠도는 카드정보 90만건, 내 카드도 해킹?", 서울경제, 2020.06.10.

이러한 카드정보는 어떻게 유출되어 다크웹 상에서 거래가 되고 떠돌고 있는 것일까? 신용카드 실물은 2018년 7월 이전에는 자기 띠Magnetic Stripe 에 정보를 담은 마그네틱MS 카드가 통용되었다. 마그네틱 카드를 사용하게 되면 상당수는 포스POS : Point Of Sale 단말기에 긁는 방식으로 결제가 되었 다.[13] 그런데 마그네틱 카드를 포스 단말기를 통해 결제하는 방식은 결제 과 정 중에 정보가 유출될 수 있는 허점이 있다. 포스 단말기 자체가 컴퓨터 운영시스템이고 네트워크로 연결되어 있다 보니 결제하는 과정과 정보가 오고 가는 과정에서 보안 측면에서는 공격 허점이 많다. 이러한 문제 때문 에 감독 당국 및 카드회사들은 수년간에 걸쳐 IC카드 발급과 함께 승인된 단말기를 사용하도록 하였다. 카드 실물 내부에 반도체 기반의 집적회로IC : Integrated Circuit를 내장한 IC 카드는 넓은 의미로는 초소형 컴퓨터를 카드에 내장하고 있는 것이며, 보안 측면에서 마그네틱 카드에 비해 우월하다. 현재 까지 유출되어 유통되고 있는 신용카드정보는 대부분이 IC카드 승인이 의 무화되기 이전 마그네틱 카드로 사용된 정보로 드러나고 있다.

다크웹을 통해 유통되거나 공개된 카드정보는 가맹점이나 카드회사들 이 깨닫지 못하는 사이에 가맹점의 포스 단말기 해킹 등을 통해 대규모로 유출되었을 가능성이 크다. 범인들은 가맹점의 포스 단말기를 원격 관리하 는 단말기 관리업체 서버를 해킹한 후 이 관리 서버를 통하여 다시 관리하

---

13 단말기에 카드를 긁는 결제방식을 스와이핑(Swiping), 소형 단말기(CAT 단말기 : Credit Authorization Terminal)에 카 드를 꽂아서 결제하는 방식을 인서트(Insert)라고 한다.

고 있는 각 포스 단말기에 해킹 프로그램(이를 일반적으로 멀웨어(Malware)라고 한다)을 설치하여 장기간에 걸쳐 고객이 카드로 결제할 때마다 해당 고객의 카드정보를 탈취하는 방식을 쓰고 있는 것으로 보인다.[14] 90만 건의 카드정보에 대해서도 해당 카드들이 공통적으로 사용된 가맹점들을 확인하면 어느 정도 해킹 등으로 유출되었을 개연성이 있는 가맹점들을 분류할 수 있다. 그런데 그 해킹 증거들을 명확히 확인하기 위해서는 해당 가맹점들이 2018년 7월 이전에 사용했던 포스 단말기 실물이 보존되어 있어야만 하드웨어 디스크에 대한 디지털 포렌식 등을 통해 여러 가지 로그 기록이나 프로그램 설치 이력 등을 확인할 수 있다. 그러나 기간이 오래 경과하고 나면 단말기 실물이 교체되고 없어 이러한 사후 확인이 어려울 수 있다.

2020년 11월부터 해킹범들이 정보를 탈취했다고 금전을 요구하며 협박 중인 A기업도 그룹아이비로부터 입수한 유출 카드정보 분석 당시 해킹 가능성을 의심했던 가맹점에 포함되어 있었다. 아직은 A기업 측에서 정보 유출을 부인하고 있고 수사 기관이 수사를 진행하고 있는 만큼 그 결과를 지켜볼 일이다.

---

14   클롭 랜섬웨어 해킹범들의 주장도 이를 뒷받침하고 있다. "하지만 블리핑컴퓨터가 인터뷰를 통해 드러낸 클롭 랜섬웨어 운영자들의 주장은 달랐다. 인터뷰에 의하면 이들은 약 1년전에 이미 A그룹의 네트워크에 침투했으며, 그 때부터 랜섬웨어 공격이 크게 터질 때까지 사용자들의 민감한 정보를 야금야금 누적해 왔다고 한다. 특히, POS 멀웨어를 심어 신용카드 정보가 꾸준히 쌓여있는 상태라고 이들은 주장했다."(출처 : "A그룹 공격한 클롭 랜섬웨어 조직, 예고대로 신용카드 정보 10만건 공개", 보안뉴스, 2020.12.03.)

카드 회원들은 정말 피해가 없을까?

이미 탈취되어 유통되고 있는 카드정보의 주인인 고객 입장에서는 불안하기 짝이 없다. 내가 사용하지 않은 카드 사용금액이 청구되어 나도 모르는 사이에 불이익을 받지는 않을까 걱정도 된다. 정말 피해는 없는 것일까? 카드 회원들은 어떻게 해야 할까?

이미 유출된 카드정보에 대해서 지금으로서는 유출된 카드정보의 카드를 폐기하고 새롭게 카드를 발급받는 것이 가장 안전하다. 다행히 카드회사들은 정상적이지 않은 카드 거래의 피해를 방지하기 위해 정교한 수준의 부정사용방지시스템FDS : Fraud Detection System을 운영하고 있기 때문에 유출된 카드정보로 인한 소비자 피해가 실제로는 거의 발생하지 않는다. 또한 해킹 등으로 인한 부정 거래가 확인이 되면 법에 따라 카드회사들은 소비자 피해를 전액 보상하여야 한다.[15] 문제는 이러한 카드정보가 유출된 진원지가 카드가 사용되는 가맹점이라는 점이다. 가맹점에서 포스 단말기와 같은 시스템에 보안이 잘 지켜지지 않아 해킹을 당하면 카드회원 정보가 유출되므로 미리 보안을 잘 유지하는 것이 가장 중요하다. 카드회사들은 가맹점의 단말기 정보를 정확히 파악하여 보안에 취약한 단말기로 거래가 이루어지지 않도록 예방하는 노력이 필요하다. 물론 가맹점 단말기를 관리하는 주체는 대

---

15   해킹, 전산장애, 내부자정보 유출 등 부정한 방법으로 얻은 신용카드 등의 정보를 이용한 신용카드 등의 사용에 대해서는 신용카드업자는 회원에게 그 카드 사용에 대한 책임을 지도록 법에서 정하고 있다.(「여신전문금융업법」 제16조 제5항 제2호)

부분이 밴VAN : Value Added Network이라고 일컫는 부가가치통신망 사업자 그리고 가맹점과 실제 접점에 있는 밴 대리점들이다 보니 카드회사와 밴 회사간에 적극적인 협조가 필수적이다. 그러나 현실적으로는 단말기 제조업자들도 수없이 많고 개별 단말기의 보안 수준을 검증하는 절차도 제대로 작동하지 않다 보니 그 동안 문제 해결에 한계가 있었다. 다행히 2018년까지 이루어진 IC 카드 전환 및 IC 단말기 교체 작업 과정에서 여신금융협회와 카드회사를 중심으로 한 승인 제도가 시행되어 보안 우려는 상당 부분 해소된 것으로 알려져 있다.

또한 그룹아이비로부터 입수한 다크웹 유통 카드정보 분석 당시 일부 가맹점 IC 단말기를 통한 정보 해킹 가능성을 기술적으로 검증해 본 결과 현재로서는 IC 승인 단말기의 경우 기술적으로 해킹이 어려운 것으로 보인다. 그러나 보안 관점에서 보면 영원히 안전한 것은 없다. 일상적인 보안 수칙은 카드회사, 가맹점, 소비자 모두가 지켜야 할 덕목이다. 특히 신뢰 유지와 소비자 보호를 가장 중요하게 챙겨야 하는 금융회사 입장에서는 여러 가지 기술적 완전성 여부에 대하여 항상 살피고 유념하여야 할 것이다.

나도 다크웹에 접속해 볼까?

다크웹은 2000년대 초반 미국 해군 연구소가 개발하였으며, 그 접속 경로가 드러나지 않게 네트워크에 접속할 수 있는 '보이지 않는 웹' 기술을 기반으로 시작되었다고 한다. 2013년 미국 연방수사국FBI이 온라인 마약 거래 웹사이트인 '실크로드'를 적발해 폐쇄하면서 그 실체가 대중에게 알려지게 되었다. 이러한 다크웹은 몇 가지 특징을 가지고 있다.

먼저, 철저하게 익명성을 보장하고 있다. 어니언 라우팅Onion Routing 기술이라는 것을 이용하여 다수 노드를 무작위로 경유하여 접속하다 보니 서비스 제공자와 이용자의 접속 경로를 추적하는 것이 불가능하여 익명성이 보장되는 특징이 있다.

둘째, 접근이 어렵다. 익명성을 보장하는 토어TOR : The Onion Router와 같은 특정 브라우저를 사용하여야만 접속이 가능하고 접속 주소도 www. naver.com과 같은 일반적인 주소 체계가 아니라 알파벳 a부터 z까지 26개의 알파벳과 6개의 숫자가 무작위로 조합된 형태(예 : zxv24aedlkf2.onion)를 갖고 있기 때문에 쉽게 접근하기가 어렵다.

셋째, 끊임없이 은닉하고 이동한다. 다크웹 사이트는 주소를 끊임없이 바꾸고 새로 만들기를 반복하기 때문에 단순한 다크웹 주소 리스트를 확보했다고 해도 실시간으로 탐지가 불가능하다.

넷째, 다크웹 해커 집단은 감시를 회피하며 역해킹 공격도 한다. 역해킹 기법이란 다운로드가 가능한 파일 등에 악성코드를 심거나, 접속만 하더라도 사용자의 동의 없이 악성코드가 유포되는 드라이브 바이 다운로드Drive by download와 같은 기법을 이용하여 접속자를 감염시키는 것을 말한다. 다크웹을 이용하는 해커 집단은 높은 수준의 보안 기술로 감시를 회피하고 있고, 오히려 접속자에 대하여 역추적과 역해킹 기법을 통해 일반인들은 접속만으로도 오히려 자신이 해킹 및 악성코드 감염의 위험에 노출될 수 있다. 따라서 일반인들이 호기심에 다크웹에 접속해보는 것은 위험한 일이 아닐 수 없다.

다크웹 접속 토어 브라우저 화면

현재 다크웹 이용자 수를 정확히는 알 수 없으나 토어 네트워크를 관리하는 토어 프로젝트www.torproject.org에 따르면 전 세계에 약 210만 명, 국내에도 약 1만 명의 사용자가 토어 네트워크에 접속하는 것으로 추산하고 있다.

한편, 다크웹에는 수많은 음성적 시장, 즉 블랙 마켓Black Market이 존재하고 있어 마약뿐만 아니라 불법 무기, 위조지폐, 포르노, 인신 매매 등 다양한 종류의 불법 거래가 성행하고 있으며 심지어 테러나 청부 살인 등의 범죄 서비스도 제공하는 것으로 알려지고 있다. 사이버 범죄 품목도 다양하게 거래되고 있는데 파일을 암호화시키는 랜섬웨어 멀웨어나 현금자동인출기ATM를 감염시키는 멀웨어, 데이터나 금융 정보를 탈취하기 위한 멀웨어, 디도스 공격을 위한 멀웨어까지도 거래가 된다. 또한 탈취한 개인정보나 신분증 복사본 이미지 등의 정보도 불법적으로 거래된다. 악성코드를 제작하거나 배포하는 각종 서비스 거래와 특정 기관이나 국가를 목표로 사이버 공격을 모의하거나 범죄 참여자를 구하는 구인 광고를 게시하기도 하는 등 수많은 음성적 불법 거래가 이루어지고 있어 사이버 공격 범죄가 기승을 부리는 원천이 되기도 한다.

다크웹에서의 금전 거래는 주로 비트코인과 같은 가상화폐로 이루어지고 있다. 이는 거래 당사자의 신분을 감추고 추적을 어렵게 하기 위해서이다. 최근에 사이버 공격이 이루어진 랜섬 디도스 협박 메일이나 랜섬웨어 공격의 협박 메일에는 어김없이 비트코인을 요구하고 가상화폐 거래소 주소를 포함하고 있다.

A기업을 공격했다는 랜섬웨어

2020년부터 코로나 팬데믹으로 온 세상이 혼란스러운 가운데 사이버 상에는 위협 공격이 유난히 기승을 부리고 있다. 2020년 초부터 코로나19 상황을 악용한 악성 메일 공격이 대략 4개 해킹 집단을 중심으로 기승을 부리더니, 2020년 8월부터는 디도스 공격이 금융기관, 공공 및 대기업 상대로 집중적으로 전개되었다. 이들은 자신들을 아르마다 콜렉티브Armada Collective와 팬시베어FancyBear 해킹그룹이라고 소개하면서 비트코인을 요구하였다. 금융부문에 대한 사이버 공격은 각 금융회사들이 다행히 금융보안원과 통신회사들의 디도스 공격 대응 서비스를 이용하여 효과적으로 대응을 해오고 있어 공격은 있었으나 피해 사례는 없었다. 그러나 일반 대기업, 일부 공공 분야에서는 시스템이 장애를 일으키는 등 애로가 생겼다는 얘기도 들린다.

2020년 11월 A기업이 클롭Clop 랜섬웨어의 협박을 받고 있다는 사실이 알려졌다. 랜섬웨어Ransomware란 '몸값Ransom'과 '소프트웨어Software'의 합성어로서 악성 프로그램을 침투시켜 시스템을 잠그거나 데이터를 암호화해 사용할 수 없도록 만든 뒤, 이를 인질로 금전을 요구하는 것을 말한다. 랜섬웨어는 2005년부터 알려지기 시작하여 전 세계적으로 악명을 떨치고 있다. 클롭은 파일이 암호화되면서 확장자에 '.clop'이 나타나기 때문에 붙여진 이름이다.

클롭 랜섬웨어 해킹 조직들은 A기업의 시스템에서 고객 정보 2백만 건을 탈취하여 보관 중이라는 사실과 A기업의 시스템에 작동 장애를 일으킨 후 약 4천만 달러(약 445억 원)를 요구한 것으로 알려졌다. 또한 요구를 들어주지 않을 경우 탈취한 고객 정보를 공개하겠다고 협박을 했다. 보통 이러한 협박은 협박 대상 기업의 관리자 메일 주소로[16] 협박 메일을 보내는 형태로 이루어진다. 해당 협박 메일에는 자신들이 주장하는 정체를 소개하고, 협박하는 내용과 요구하는 금액(대부분 비트코인이나 달러 등 환금성이 뛰어나거나 자금 세탁이 용이한 형태로 요구한다), 그리고 해당 금액을 입금할 가상화폐거래소의 지갑 주소 같은 것이 포함되어 있다. A기업은 해킹범들이 주장하는 정보 탈취를 부인하고 협상에 응하지 않았으며 경찰에 이 사실을 신고하였다. 그렇게 되자 12월 3일 우리나라 저녁 시간인 6시 경 해킹범들은 다크웹에 10만 건의 카드정보를 실제로 공개했다. 이들은 협박이 통하지 않자 이후 계속 탈취했다고 주장하는 정보를 다크웹에 공개하여 2020년 말까지 총 10차례에 걸쳐 총 1백만 건의 정보를 공개하였다.

다크웹 상 클롭 랜섬웨어 화면

---

16   주로 admin@기업도메인, master@기업도메인 등

2014년부터 해외 금융권과 기업을 대상으로 악성코드나 원격 제어를 통한 해킹 시도 등의 공격이 있어 왔는데 2019년 들어 우리나라 기업들에게도 대규모 스피어 피싱 메일이 유포되기 시작했다. 스피어 피싱Spear Phishing이란 특정한 개인들이나 회사를 대상으로 한 피싱Phishing 공격을 말하며, 공격자가 사전에 공격 성공률을 높이기 위해 공격 대상에 대한 정보를 수집하고 이를 분석하여 특정인들을 대상으로 피싱 공격을 수행하는 형태이다.[17] 공격자들은 기업 임직원들을 대상으로 악성 프로그램(멀웨어)이 포함된 이메일을 주로 아침 7시에서 9시 사이에 유포하였는데 이는 출근 전 시간대의 메일 공격이 감염률이 가장 높은 것으로 나타났기 때문으로 보인다. 메일 수신자들이 첨부 파일을 클릭하여 실행하면 감염이 되며, 최초 감염이 되면 다시 원격에서 이를 조정할 수 있는 악성코드가 다운로드되고 이를 통해 정보가 탈취되기 시작한다. 또한 같은 경로를 통해 기업의 내부망에 있는 통합 관리용 서버인 ADActive Directory 서버의 관리자 계정을 탈취한다. 이러한 관리자 계정이 탈취되면 기업 내부망이 랜섬웨어에 감염이 되어 대규모 피해가 발생하게 된다.

이러한 공격은 TA505라는 러시아 해킹그룹이 그 배후로 알려져 있으

---

17   스피어 피싱(Spear phishing) 용어는 물 속에 있는 물고기를 작살로 잡는 '작살 낚시(Spearfishing)'에 빗댄 것이다. 가짜 인터넷 사이트를 만들어 놓고 이곳에 접속한 불특정 다수의 개인정보를 빼내는 일반적인 피싱(Phishing)과는 달리 특정인을 목표로 한다는 점에서 다르다. 특정인을 공격 대상으로 하는 이유는 이들이 보유하고 있는 특정 정보를 빼는 것이 목적이기 때문이다.(출처 : 네이버 지식백과)

며 이들의 악성코드 중에 클롭 랜섬웨어도 포함되어 있다. TA505 해킹그룹은 국내외 금융권과 에너지 업종 기업들을 주로 공격하는 것으로 알려져 있으며 주로 기업 정보를 탈취하거나 랜섬웨어 감염을 목적으로 활동하고 있다. 대표적인 악성코드가 클롭Clop, 록키Locky와 같은 랜섬웨어로 알려져 있다.

금융보안원에서는 2019년 2월부터 12월까지 약 1년 동안 수집한 약 61만2천 건의 정보를 기반으로 TA505 위협 그룹의 공격 전략과 기술, 그리고 공격 절차 및 최근 동향 등을 분석하여 2020년 1월 인텔리전스 보고서로 이를 소개한 바 있다.[18]

TA505 위협그룹의 공격 절차

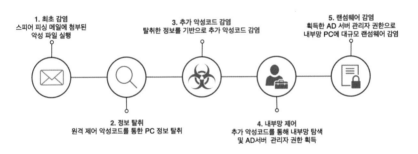

자료 : <TA505 위협그룹 프로파일링>(2020 사이버위협 인텔리전스 보고서, 금융보안원)

한편, 이러한 해킹 집단은 스스로 자신들의 국적을 이야기하거나 어느

18　금융보안원 홈페이지(www.fsec.or.kr)에 해당 인텔리전스 보고서(<TA505 위험 그룹 프로파일링>, 2020.01.30.)가 소개되어 있다.

해킹 집단이라고 밝히지 않기도 하고, 또한 유명 해킹집단을 사칭하는 경우도 있기 때문에 일반적으로는 공격 패턴이나 공격 흔적을 분석하여 그 특징을 통해 해킹 집단을 추정하게 된다. 2020년 11월 발생한 A기업 정보 탈취 및 협박 건 또한 클롭 랜섬웨어에 감염되어 이루어진 것으로 볼 때 그 배후에는 러시아 해킹집단 TA505가 있는 것이 아닐까 의심할 수 있다. 또한 유출된 정보를 공개하겠다고 협박하고 실제 10차례에 걸쳐 카드정보를 공개한 시각이 우리나라의 저녁 시간이거나 심지어 자정을 전후한 시간으로 유럽에서는 동 시간대가 낮 시간대인 점도 이러한 추측을 가능하게 한다.

정보는 탈취되었는데 누가 책임을 져야 하는가?

A기업은 해킹 공격을 받고 나서 시스템 장애를 복구하는데 상당 기간이 걸린 것으로 알려져 있다. 그러나 그들은 다크웹에 공개된 정보가 자신들에게서 탈취된 증거가 없고 자신들의 정보가 아니라고 주장하고 있다. 분명히 고객이 사용한 카드정보는 유출되었는데, 이에 대해 책임을 지는 주체가 분명치 않다. 협박을 받는 기업은 자신들의 정보라는 증거가 없다고 하였고, 수사기관에서의 수사는 그 결과가 나오기까지 시간이 오래 걸리고 있다. 탈취 가능성이 있는 시기가 2018년 경이다보니 당시 포스 단말기 실물이 남아 있지 않으면 수사를 하더라도 명확한 유출 증거를 찾기 어려울 수도 있

다. 카드회사들은 거래 가맹점인 기업이 거래 정보를 제대로 관리하지 않아 애꿎게 카드회사들만 고객에게 카드정보 유출 사실을 안내하고 카드를 재발급하느라 비용이 소요되고 부담이 늘었다고 하소연이다.

개인정보보호법에 따르면 개인정보 처리자는 개인정보가 유출되었음을 알게 되었을 때에는 지체 없이 해당 정보주체인 고객들에게 유출된 개인정보의 내용과 유출 경위 그리고 대응조치와 피해구제절차 등을 알리도록 되어 있다. 또한 개인정보보호위원회 등의 전문기관에게 이러한 사실을 신고하여야 한다. 이를 위반하게 되면 5천만원 이하의 과태료 처분을 받게 되어 있다. 여기에서 '개인정보 처리자'란 업무를 목적으로 개인정보 파일을 운용하기 위하여 스스로 또는 다른 사람을 통하여 개인정보를 처리하는 공공기관, 법인, 단체 및 개인 등을 말한다(개인정보보호법 제2조 제5호).

그런데 A기업 사례의 경우 여러 가지 법적 쟁점이 존재한다. A기업이 제공하는 재화나 서비스를 구매한 고객이 신용카드로 대금을 결제한 경우 A기업은 결제 처리를 위하여 고객 카드정보를 수집하게 되므로 개인정보 처리자에 해당된다. 그런데 현재처럼 정보 유출 사실을 부인하고 수사기관에서 유출 경로를 확인하지 못하면 고객에 대한 통지 책임은 사라지고 마는 것인가? 다크웹에서 불법적으로 유출된 정보가 엄연히 확인된 상황인데 카드회사들은 카드 교체 유도와 이상거래탐지시스템에 정보를 반영하는 것 외에 가맹점에 대해서 조치할 것은 없는 것인지? 정보는 분명 유출되었는데 누가 어떻게 책임을 지게 되는 것인가?

한편 A기업은 민간 기업이다 보니 정보 유출 사건을 조사하는 소관 기관은 한국인터넷진흥원이다. 그런데 조사의 강제력을 가진 곳은 경찰청과 같은 수사기관이다. 또한 유출된 정보가 카드정보이다 보니 카드회사를 감독하는 금융당국도 소비자 보호를 위해 일정 역할을 할 수밖에 없다. 그런데 개인정보보호의 총괄 관리 책임은 개인정보보호위원회가 부담하고 있다. 하나의 사건에서도 이러한 관계기관들끼리 역할 분담을 신속하게 조정하고 각자의 역할을 하고 관련 정보를 서로 공유하는 것이 중요한 일이다. 그런데 이렇듯 여러 관계기관들이 관계되다 보니 오히려 이런 사안에 대하여 컨트롤 타워가 없는 것 아닌가 하는 비판이 나오기도 한다.

랜섬웨어의 피해와 대응은 어떻게?

랜섬웨어 공격을 받아 감염이 된 기업들이나 개인 입장에서는 어떻게 대응하는 것이 좋을까? 없던 일로 되돌리기에는 명확한 대응 방법이 없다. 개인의 경우 사용하던 컴퓨터가 먹통이 되고 중요한 작업 파일이 암호화가 되면 협박범들이 요구하는 몇십만 원의 금액을 지급하고서라도 컴퓨터나 파일을 복구하고 싶어진다. 그러나 요구 금액을 지급한다고 해도 제대로 파일을 복구시켜 줄 것인지 확신이 없다. 왜냐하면 협박범이 누구인지 찾을 수도 없고 알 수도 없기 때문에 그 약속을 믿을 아무런 근거가 없기 때문이다. 사람에 따라서는 컴퓨터를 들고 전자상가나 컴퓨터 수리점으로 달려가 본 경험도 있을 것이다. 그러나 대부분은 암호를 풀지 못하며, 금전을 지급하고서 파일 암호를 해제했다는 사람들도 찾기가 힘들다. 따라서 대부분은 랜섬웨어에 감염되면 기존 파일을 복구하지 못해 불편하지만 감염된 컴퓨터를 포맷을 하든가 새로운 컴퓨터로 교체하게 된다.

그러나 기업이나 공공 단체의 경우에는 얘기가 다르다. 시스템 중단으로 인한 피해가 워낙 클 뿐만 아니라 행정 기관의 경우 공공 서비스 자체가 장애가 일어날 경우 그 피해는 일반 국민들에게 고스란히 돌아갈 수 있다.

랜섬웨어 공격 및 피해 사례는 오늘도 발생하고 있다. 한 통계에 따르면 2021년 전 세계의 랜섬웨어 피해액은 약 200억 달러에 이를 것이라고 한다. 또한 랜섬웨어는 수많은 형태로 나날이 진화하고 지금 이 시간에도 새로운 랜섬웨어가 나타나고 활동하고 있다. 아울러 수많은 보안업체들과 랜섬웨어 공격자들 간의 쫓고 쫓기는 싸움은 오늘도 이어지고 있다.

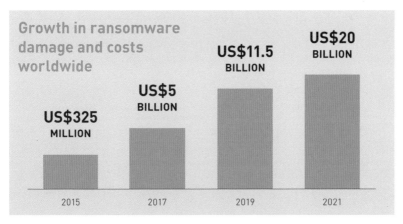

자료 : <2O21 REPORT : CYBERWARFARE IN THE C-SUITE>('21.1.21. CyberSecurity Ventures)

랜섬웨어 중 가장 악명이 높았던 사례 중 하나는 2017년 5월 발생한 워너크라이Wannacry 공격으로서 하루 만에 전 세계 150개 국가의 23만여 대의 컴퓨터를 감염시킨 것으로 알려진다. 당시 페덱스, 르노, 닛산, 혼다, 스페인 통신업체 텔로포니카 등을 비롯하여 러시아와 중국의 수많은 기기도 영향을 받았으며 그 피해 규모는 당시 보도에 따르면 40억 달러에서 80억 달러에 이르렀다. 2017년 12월 미국 백악관은 이 공격의 배후로 북한을 지목한 바 있다. 국내에도 대학병원 및 음식점 등에 일부 피해가 있었고 300달러에 상당하는 비트코인을 요구받은 것으로 알려졌다.

가장 최근에 주목받은 사례로는 2020년 9월 독일 뒤셀도르프 대학병원이 랜섬웨어 공격을 받아 전산 서버 30대가 모두 암호화가 되면서 수술을 진행할 수 없게 되자 어쩔 수 없이 수술을 받을 예정이던 여성 중환자를 인근 병원으로 옮기고 하면서 시간이 지체되어 환자가 숨지는 사건을 들 수 있다. 우리는 지금 인터넷과 컴퓨터가 없이는 아무 것도 할 수가 없는 세상을 살고 있다. 그렇기 때문에 랜섬웨어 공격은 엄청난 사회적 혼란을 야기하거나 경제적 피해를 초래함은 물론 사람 목숨까지도 위태롭게 할 만큼 큰 위력을 발휘하고 있다.

일부 언론 및 보안업체에서 설문 조사한 바에 따르더라도 2020년 한 해 랜섬웨어 공격을 경험했고 실제 피해를 입었다는 응답자가 30%를 넘는다고 한다. 피해를 입은 유형 중에는 복구가 불가능해 자료를 폐기했다던가, 공격자에게 비용을 지불했다는 응답도 약 3%를 차지하는 것으로 나타났다.[19] 랜섬웨어에 의한 피해를 방지하기 위해서 상당수 기업들은 자료를 지속적으로 백업을 해둠으로써 사고 발생 시 피해를 최소화하고 신속히 복구에 활용하고 있다. 또한 여러 가지 사이버 공격을 미리 탐지하여 차단하는 각종 보안 솔루션을 도입하는 등 다양한 대비를 하고 있다. 그러나 무엇보다 가장 중요한 것은 회사 임직원들이 보안에 대하여 항상 인식하고 주의를 기울이는 것이다. 위협 공격이 있더라도 결국에는 사람의 실수나 고의에 의해 보안 사고가 발생하는 경우가 대부분이다. 이상한 이메일을 의심없이 클릭하거나 다운을 받거나 하는 과정에서 악성 파일이 설치되고 주요 정보가 새어나가거나 심지어 이를 통해 관리자 권한을 탈취 당하게 되는 것이다.

랜섬웨어 공격 그룹의 진화

2020년에는 유난히 금전 취득을 목적으로 하는 국제 랜섬웨어 조직이 눈에 띄게 증가하였다. 게다가 최근 랜섬웨어 조직은 공격 대상 기업의 데이터를 암호화하여 금전을 요구하면서 유출된 데이터를 다크웹에 공개하겠다는 협박까지 더하며 교활한 전략으로 진화하고 있음이 A기업 협박 사건으로 명확해졌다. 랜섬웨어 그룹은 범죄 수사를 따돌리기 위해 가짜로 은퇴를 선언하고 또 다른 랜섬웨어를 활용하는 방식을 이용하기도 한다.[20]

---

19   "[2021 랜섬웨어 대응 리포트] 진화하는 랜섬웨어, 어떻게 막아야 하나", 보안뉴스, 2021.12.31.
20   "메이즈 랜섬웨어 운영자들, 은퇴 준비 중이긴 한데", 보안뉴스, 2020.11.02.

2018년 8월부터 2019년 6월까지 국세청, 경찰청 등을 사칭하며 금융권을 대상으로 대량의 해킹메일을 유포했던 갠드크랩GandCrab 랜섬웨어 그룹은 수억 달러의 수익을 거둔 뒤 활동을 중단한다는 글을 남기고 2019년 6월 자취를 감추었다. 하지만 이 '은퇴 쇼'는 갠드크랩 랜섬웨어 그룹이 사라진 이후 후속 주자인 소디노키비Sodinokibi 및 레빌REvil 랜섬웨어가 대체한 것으로 곧 밝혀졌다. 또한 2019년 5월 등장하여 전 세계에 많은 피해를 준 메이즈Maze 랜섬웨어 그룹은 2020년 11월 돌연 은퇴를 선언했는데 앞으로 후속 주자들이 메이즈 랜섬웨어를 이어서 공격을 감행할 것으로 예상되고 있다.

2019~2020년 중 랜섬웨어 그룹별 피해기관 수

Ransomware **Maze** Victims **155**		Ransomware **REvil** Victims **103**		Ransomware **Ryuk** Victims **62**		Ransomware **NetWalker** Victims **49**	
Top 5 attacked countries		**Top 5 attacked countries**		**Top 5 attacked countries**		**Top 5 attacked countries**	
USA	93	USA	63	USA	53	USA	28
Canada	8	UK	7	Spain	5	France	6
France	6	Australia	5	Australia	1	Canada	4
Italy	6	Switzerland	4	UK	1	UK	2
UK	6	Canada	3	Germany	1	Austria	1
Top 5 attacked sectors		**Top 5 attacked sectors**		**Top 5 attacked sectors**		**Top 5 attacked sectors**	
Manufacturing	30	Manufacturing	20	Government	16	Manufacturing	14
Trade	19	Trade	17	Education Services	14	Health Care	6
Construction	15	IT	10	Health Care	14	Education Services	5
Administrative and Support and Waste Management and Remediation Services	8	Legal Services	6	Newspaper publisher	3	Trade	4
		Government	4	IT	3	Transportation and Warehousing	3
Health Care	7						

자료 : Group-IB, '20.11.

랜섬웨어 공격 그룹은 앞으로도 계속 진화를 거듭할 것이다. 특히 기존의 랜섬웨어 공격 유형을 지속적으로 변형해가면서 진화해 갈 것이다. 보안 전문가들과 보안전문기관들은 랜섬웨어 조직이 초기 침투에 이용하는 취약점 대상 공격 시도를 끊임없이 모니터링하고, 새로운 공격 유형이 발생함과 동시에 탐지 룰을 적용할 수 있도록 보안관제시스템을 지속적으로 고도화 해 나가고 있다. 달아나고 이를 쫓는 소리 없는 전쟁은 이 시간에도 계속되고 있다.

랜섬웨어 협상 전문가를 양성해야 하는 것인가?

과거의 해킹 협박 사건을 보면서 일부 전문가들은 랜섬웨어 협상전문가를 양성하여야 한다고 주장한다. 범죄자들과의 협상은 일체 없다는 원칙은 당연히 중요하고 지켜져야 하지만 현실은 A기업 사건에서 보듯 그리 녹록치 않다.[21] 해킹 사고에서 피해자들이 해킹 범죄자들로부터 지속적으로 금전을 요구하는 협박을 받으면서 어떻게 대응하였는지는 자세히 알려져 있지 않다. 사이버 피해의 은밀한 특성과 기업 평판 리스크 때문에 이러한 협박을 받거나 범인들과 타협을 하더라도 해당 기업은 쉬쉬 하면서 그 사실과 내용

---

21 2019년 7월, 미국 지방자치단체들 다수는 랜섬웨어 공격을 받았는데, 약 1400명으로 구성된 미국 시장 협의회(US Conference of Mayors)에서 "절대로 범인과는 협상하지 않는다."는 성명까지 발표하고도 랜섬웨어에 걸린 인디에나 주 라파트와 미시간 시에서는 범인들에게 3만 달러를 지급한 것으로 알려졌다. (출처 : "[어록위클리 7-3] "범죄자들과의 협상은 절대 있을 수 없...", 보안뉴스, 2019.07.21.)

을 공개하지 않는다. 수사 기관에 신고를 하더라도 사이버 범죄는 공격자를 특정하기도 어렵고 대부분의 공격자는 실체가 드러나지 않거나 외국 해킹 그룹들도 있기 때문에 수사에 어려움을 겪을 수밖에 없다. 그렇기 때문에 일부에서는 랜섬웨어 협상 전문가를 양성할 필요성을 제기하고 있다.

공격을 받은 피해자 입장에서는 어떻게 대응해야 할지, 공격자가 어떤 특성을 지녔는지 정보가 없기 때문에 답답함을 느낄 수밖에 없다. 이에 해킹 협상전문가가 참여하여 공격자 성향을 분석하고, 협상을 통해 피해를 최소화할 방법을 강구하거나 범죄 수사에도 도움이 될 수 있는 길을 모색하자는 것이다. 그러나 한편에서는 그 실효성에 의문을 제기하거나 해킹범을 오히려 도와줄 수 있다고 반대하는 입장도 있다. 미국에서는 사이버 보험을 취급하는 회사 등이 랜섬웨어 해킹 범죄자에게 돈을 지급하는 것을 범죄자 지원 행위로 보아 해당 회사에게 벌금 등의 제재 조치를 부과하려는 움직임도 나타나고 있다.[22] 사이버 보험은 개인이나 기업이 사이버 침해로 피해를 입었을 경우 그 피해를 보상해주는 상품이다. 미국이 전 세계 사이버 보험 시장의 절대적 지위를 차지하고 있고, 우리나라도 2019년 6월부터 이용자가 3개월간 일평균 1천명 이상인 정보통신사업자는 의무적으로 사이버 보험에 가입하도록 하고 있으나 아직까지 가입률이 낮아 그 이용은 크게 활성화되지 않고 있다.

---

[22]   2020년 10월, 미국 재무부 외국자산관리실(OFAC, Office of Foreign Asset Control)은 금융회사, 사이버 안전 보험회사, 사이버 피해대응 기업들이 해킹 공격자에게 금전을 지불하도록 지원하는 행위는 OFAC 규제를 위반하는 것이 될 수 있고 이 경우 벌금 등의 처벌을 부과하는 방안을 추진한다는 내용의 가이던스와 권고를 발표하였다.(출처 : 박춘식, "랜섬웨어 몸값 지불을 지원하면 벌금&제재 대상에", 아주대 박춘식 교수 블로그, 2020.12.05.)

사이버 상에서는 다양한 변종 랜섬웨어가 지속적으로 등장하게 될 것이다. 공격자에 대한 축적된 정보를 바탕으로 해당 공격자의 성향을 파악하고 피해를 최소화하는 전문적인 협상가가 새로운 직업이 될 수 있을까. 누가 이러한 전문가가 되어야 하고 어느 기관이 이러한 전문가를 양성해야 할 것인가.

사이버 보험은 앞으로 모든 기업이나 공공기관 등이 가입하여야 할 최소한의 리스크 관리 수단이 될 것인 만큼 이러한 사이버 보험을 취급하는 보험회사에 그러한 협상 전문가를 양성해야 할 것인가. 아니면 한국인터넷진흥원이나 국가사이버안보센터, 사이버 사고의 수사를 담당하는 경찰청이 적절할 것인지 함께 고민해 볼 일이다.

06

정체가 뭘까,
그리고 추격자

알려진 해킹 그룹

정부기관, 기업 또는 특정 업종 등을 대상으로 해킹을 시도하는 그룹은 많이 있으나, 이러한 해킹 그룹을 추적하는 것은 쉽지 않다. 그럼에도 국내·외 정보보호업체 등에서 해킹 그룹을 추적하기 위해 지금도 지속적인 노력을 하고 있다.

해킹 그룹을 추적하는 방법은 악성코드를 분석하여 악성코드가 가진 특징, 기능 등을 정리한 후, 기존 악성코드 분석 결과와 연관성을 분석하여 연관성이 높은 악성코드 등을 그룹화하는 방법을 이용한다. 해킹 그룹에서 사용하는 악성코드는 다양하지만 핵심이 되는 악성코드 내용(코어)은 쉽게 수정할 수 없기 때문이다.

현재까지 널리 알려진 글로벌 해킹 그룹은 김수키Kimsuky, 코니Konni, 안다리엘Andariel, 라자루스Lazarus, TA505, 팬시베어FancyBear, 윈티Winnti 등 많이 존재한다. 이러한 해킹 그룹의 이름들은 이를 추적하는 기관에서 붙이기 때문에 하나의 공격 그룹이 다른 명칭으로 다양하게 불리기도 한다. 라자루스Lazarus가 APT 38, 히든코브라Hidden Cobra 등으로도 불리는 것이 그 예시다. 그리고 해킹 그룹이 소속된 국가를 구분하기도 하는데, 이는 다양한 근거를 통해 추정하는 것이기 때문에 정확하지 않을 수 있다. 따라서 여기에서 해킹 그룹의 소속 국가는 일반적으로 추정되는 것을 기반으로 구분한 것이다.

① SWIFT(국제은행간통신협회) 해킹 등을 주도한 북한 주요 위협그룹

북한에 속하는 것으로 추정되는 해킹 그룹은 김수키Kimsuky, 코니Konni, 라자루스Lazarus, 블루노로프Blunoroff 등 많으며 우리에게도 가장 많이 알려져 있다. 이 해킹 그룹들의 특징 및 주요 공격사례는 다음과 같다.

[김수키(Kimsuky)] 탈륨Thallium으로도 불리는데, 2013년부터 활동하여 국가 기반시설, 정부기관, 탈북자 및 정치인 등을 대상으로 정보 수집 및 사회적 혼란을 유발하는 것을 목표로 하고 있다. 주요 공격방법은 스피어 피싱 이메일, 워터링 홀 공격[23] 등을 이용한다.

---

23 워터링 홀 공격이란 사자가 마치 먹이를 습격하기 위해 물웅덩이(Watering Hole) 근처에서 매복하고 있는 형상을 빗댄 것으로, 공격자는 공격 대상이 방문할 가능성이 있는 웹사이트를 미리 감염시킨 뒤 잠복하고 있으면서 해당 웹사이트를 접속

주요 공격사례로는 2014년 12월 한국수력원자력 직원을 대상으로 스피어 피싱 메일을 발송하여 자료 탈취 및 일부 PC의 하드디스크를 초기화시켰으며, 2016년에는 청와대를 사칭한 해킹 메일을 발송하여 북한 관련 단체나 북한 전문가 등을 대상으로 정보 탈취를 시도하기도 하였다. 2021년 1월에는 회원 19만 명을 보유한 국내 주식정보업체를 해킹하여 업체에서 제공하는 메신저를 통해 악성코드를 전파하여 주식정보업체 회원의 정보 탈취 등을 시도하였다.

자료 : 김수키 공격 그룹 관련 기사

[코니(Konni)] 2014년부터 활동을 시작하였고 김수키 조직과 연관된 것으로 추정하고 있다. 국내 외교·안보 종사자를 대상으로 정보 수집 등을 수

하는 자에게 악성코드를 뿌리는 공격이다. 주로 산업 스파이 활동을 목적으로 컴퓨터나 네트워크를 감염시켜 기밀 정보를 빼내기 위해 사용된다. 공격의 빈도가 낮고 공격자의 웹사이트에서 자동으로 돌연변이 악성코드를 생성해 매번 기존 유형과 조금씩 다른 형태로 공격하기 때문에 방어하기 어렵다는 게 특징이다.(출처 : 네이버 지식백과 등)

행하는 것으로 파악된다. 주요 공격기법은 스피어 피싱을 기반으로 한 지능형 지속공격APT : Advanced Persistent Threat[24]과 사회공학적인 방법 등을 이용한다.

주요 공격사례는 2019년 가상화폐거래소 빗썸을 사칭한 악성 이메일 유포, 2020년 4월에 코로나 예방을 위해 마스크가 주목받고 세계적으로 품귀현상이 발생하였을 때 마스크 관련 정보 문서로 위장한 이메일 유포 및 5월에는 미국 스탠포드 대학교 국제안보협력센터CISAC의 문서로 위장한 스피어 피싱 메일을 대북 관계자 등에게 유포하여 정보 탈취 등을 시도하였다.

자료 : 코니 공격그룹 관련 기사

[라자루스(Lazarus)] APT 38, 히든코브라Hidden Cobra로도 불리는데,

---

24   지능형 지속공격(APT)이란 조직이나 기업을 표적으로 정한 뒤 관심을 끌만한 이메일과 첨부파일을 끊임없이 보내 사용자 PC에 악성코드를 감염시키고 이를 통해 연결된 다른 PC를 차례로 감염시키는 방법이다. 실시간으로 해킹 공격을 시도하는 것이 아니라 미리 악성코드를 숨겨 놓고 장기간에 걸쳐 감염시키고 정보를 탈취하거나, 일정 시점에 동시에 작동시키는 방법으로 전산시스템을 공격한다.

2007년경부터 활동을 시작하였다. 국내에서는 주로 암호화폐 거래 관계자, 해외에서는 항공 및 군 관련 방위산업체 분야 등을 공격 대상으로 하고 있다. 주요 공격기법은 스피어 피싱을 기반으로 한 APT 공격 등을 이용한다.

주요 공격사례는 2009년 11만대의 좀비 PC를 이용하여 청와대 등 36개 기관을 대상으로 발생한 7.7 디도스 공격을 수행하였다. 2014년 11월에는 북한 김정은 위원장을 희화화한 영화 '인터뷰'를 제작한 미국회사인 소니 픽쳐스 엔터테인먼트를 해킹하여 내부자료 및 미개봉한 영화 등을 유출하였다. 2019년에는 국내 암호화폐 거래소 회원을 대상으로 해킹 메일을 유포하였고, 2020년에는 코로나19가 심각해짐에 따라 코로나19 백신 개발에 참여한 제약회사 및 보건기관을 대상으로 해킹을 시도한 것으로 알려지고 있다.

자료 : 라자루스 공격그룹 관련 기사

[블루노로프(Blunoroff)] 라자루스와 연관성이 있는 공격그룹으로 2015년경부터 활동을 시작하였고, 글로벌 및 국내 금융회사, 가상화폐 거래소

관련자 등을 공격대상으로 금전적 이득을 획득하는 것을 목표로 하고 있다. 주요 공격기법은 스피어 피싱을 기반으로 한 APT 공격, 피싱 사이트 및 워터링 홀 공격 등을 이용한다.

주요 공격사례는 2016년 방글라데시 중앙은행의 국제은행간통신협회SWIFT 시스템을 해킹하여 8,100만 달러를 탈취하였고, 2017년에는 SWIFT를 이용하여 대만 원동국제상업은행을 해킹 후 6천만 달러를 탈취하려고 시도하였다. 또한 같은 해 국내 청호이지캐시 자동현금인출기ATM를 통해 카드정보 23만8천 건을 탈취하고 유출된 카드정보를 이용하여 복제 카드를 만들어 현금 인출 8,833만 원 등 1억 264만 원의 피해를 발생시켰다.

국내 ATM 서버 해킹 사건 개요

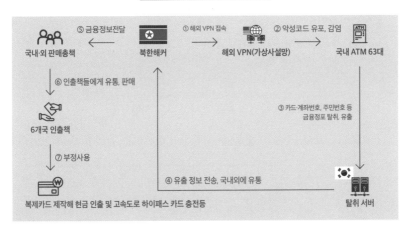

자료 : 청호이지캐시 ATM 해킹 개요도(경찰청, 연합뉴스)

자료 : 블루노로프 공격 관련 기사

주요 북한 위협그룹 비교

위협그룹	김수키	라자루스	블루노로프
공격대상	중요 기반시설, 정부기관 탈북자 및 정치인	암호화폐 거래소, 군 관련 방위산업체	금융회사, 암호화폐 거래소
목적	정보 수집 및 사회적 혼란 조성	정보 수집 및 사회적 혼란 조성	금전 탈취
활동시기	2013년 ~	2007년 ~	2015년 ~
주요공격 사례	-한국수력원자력 사이버 테러 -주식정보업체 해킹	-7.7 디도스 공격 -소니픽쳐스 해킹	-방글라데시 중앙은행 SWIFT 해킹 -대만 원동국제상업은행 해킹 -청호이지캐시 ATM 해킹

② 클롭 랜섬웨어 협박 사건의 배후 러시아 주요 위협그룹

[TA505] 2014년경부터 활동을 시작하였고, 국내·외 금융권, 제조업 등을 대상으로 공격을 수행하고 있다. 기업의 정보 탈취 및 랜섬웨어 감염을 목적으로 하며, 주요 공격기법은 스피어 피싱을 기반으로 한 APT 공격이며, 클롭Clop 랜섬웨어 등을 이용한다.

주요 공격사례는 2019년 국내 증권사 직원 PC 3대를 클롭 랜섬웨어로 감염시켜 전산시스템 일부에 장애를 발생시켰고, 2020년에는 네덜란드 마스트리히트 대학에 클롭 랜섬웨어를 감염시켜 합의금으로 30비트코인(약 22만 달러)을 받아냈다. 2020년 11월에는 국내 A기업을 해킹하여 시스템 장애를 발생시키고 거래한 카드정보를 탈취하였다며 금전 요구가 통하지 않자 다크웹을 통해 100만여 건의 카드정보를 공개하였다.

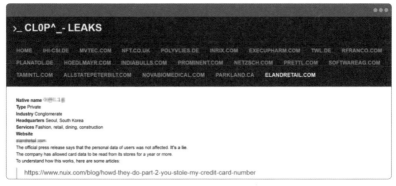

자료 : 다크웹 TA505 카드정보 공개사이트

자료 : TA505 공격관련 기사

[팬시베어(FancyBear)] APT 28, 폰 스톰Pawn Storm, 소퍼시 그룹Sofacy Group 등으로도 불리며 2004년경부터 활동을 시작하였다. 정부기관 및 군사 관련 기관을 공격 대상으로 하고 있으며, 정보 탈취 및 사회혼란 조성을 목적으로 한다. 주요 공격기법은 스피어 피싱을 기반으로 한 지능형 지속공격 APT을 이용한다.

주요 공격사례는 2016년 미국 대선 당시 힐러리 클린턴 캠프를 해킹한 사건으로, 이메일을 통한 스피어 피싱 메일에 캠프 관계자가 감염되었고 이를 기반으로 이메일 6만개가 유출되었다. 2018년 평창 동계올림픽 때는 스피어 피싱 메일을 통해 네트워크 시스템 장애를 발생시켜 공식 홈페이지 운영, 메인 프레스센터 IPTV 영상 전송 등에서 다양한 문제를 발생시켰다. 2019년에는 세계반도핑기구WADA를 해킹하여 WADA가 보관하는 2020 도쿄올림픽 출전 선수들의 의료기록 탈취를 시도하였다.

자료 : 팬시베어 공격관련 기사

주요 러시아 공격그룹 비교

위협그룹	TA505	팬시베어
공격대상	금융권, 제조업 등	정부기관, 군 관련 기관
목적	정보수집 및 금전 획득	정보수집 및 사회적 혼란 조성
활동시기	2014년 ~	2004년 ~
주요공격 사례	-국내 증권사 직원PC 감염 -A기업 카드정보 유출	-미국 힐러리 클리턴 캠프 해킹 -평창 동계올림픽 운영시스템 해킹

③ 다양한 분야의 정보를 탈취하려는 중국 위협그룹

[윈티(Winnti)] APT 41, 바륨Barium으로도 불리며, 2010년경 활동을 시작하였다. 주로 금융, 항공, 게임 제작 등 소프트웨어 산업을 대상으로 공격을 하고 있다. 정보 탈취 등을 목적으로 하며, 주요 공격기법은 피싱 메일과 인터넷에 노출된 취약한 시스템을 공격한다.

주요 공격사례는 2017년에 컴퓨터의 파일들을 정리해주는 프로그램인 씨클리너CCleaner의 다운로드 서버를 해킹하여, 정상 프로그램을 악성 프로그램으로 변경한 후 이를 다운로드한 약 230만 명이 악성코드에 감염된 사례가 있다. 2020년에는 한국 게임업체인 그래비티Gravity를 해킹하였다.

자료 : 윈티 공격 관련 기사

[톤토 팀(Tonto Team)] HeartBeat, CactusPete, Karma Panda로도 불리며 2012년경부터 활동을 시작하였다. 아시아와 동유럽의 군사, 외교 및 인프라를 대상으로 공격을 수행하여 정보 탈취 등을 목적으로 하며, 주요 공격기법은 스피어 피싱 메일을 이용한다.

주요 공격사례는 2018년 북미정상회담을 앞두고 정보를 수집하기 위해 가짜 해양경찰청 채용 공고를 통해 악성코드를 유포하였고, 2018년부터는 한국의 에너지 기업 대상으로 공격을 수행하였다. 2020년에는 코로나19와 관련하여 사회적 이슈로 신천지와 관련된 관심이 고조될 때, 신천지 비상연락망을 위장한 악성코드 등을 유포하기도 하였다.

자료 : 톤토 팀 공격관련 기사

공격의 시작, 스피어 피싱 이메일

글로벌 해킹 그룹이 가장 많이 사용하는 공격 방법은 스피어 피싱Spear Phishing 이메일이다. 스피어 피싱 이메일은 일반적인 피싱 메일과 같이 메일에 포함된 웹 사이트 링크에 대해 클릭을 유도하거나, 첨부 파일의 확인을 유도한다. 다만 일반적인 피싱 메일과 다른 부분은 불특정 다수가 아닌 특정 공격대상자를 선정하고 공격 대상에 대해 많은 조사를 수행한 후, 공격자가 의심하지 않고 메일을 읽을 수 있도록 맞춤형으로 메일을 제작한다는 것이다.

이를 위해 공격자는 공격 대상자에 대하여 온라인으로 모을 수 있는 정보를 최대한 수집한다. 예를 들면 블로그와 페이스북을 통해서는 개인 사생활 정보 등을 수집하고, 링크드인과 같은 곳에서는 온라인 이력서를, SNS

를 통해서는 직장 경력 및 정보(부서, 직책, 업무), 학력, 보유특허 논문 등의 정보를 수집한다.

만약 공격자가 개인의 포털 이메일 주소를 획득한 경우에는 포털 피싱 사이트를 개설하여 그 계정과 비밀번호를 탈취하려고 시도할 수도 있다. 이렇게 피싱 사이트를 이용하여 공격 대상자의 계정 및 비밀정보를 획득하면 그 대상자의 메일과 클라우드에 저장된 각종 사진 등에 손쉽게 접속할 수 있으므로 공격대상자 뿐만 아니라 공격 대상 주변인의 정보도 같이 수집이 가능하다. 이를 이용하면 공격자는 공격 대상의 의심을 피해 표적 공격을 효과적으로 성공시킬 수 있게 된다.

자료 : 공격자가 구축한 네이버 피싱 페이지(<TA505 위협그룹 프로파일링>, 금융보안원)

이렇게 지인으로 위장하여 공격에 성공한 대표적인 사례는 2016년 인터파크에서 발생한 대규모 개인정보 유출사고이다. 공격 목표가 된 인터파크 직원은 공격자가 동생으로 위장한 이메일을 읽고 첨부된 '우리 가족'이라는 화면보호기 프로그램을 실행시키면서 악성코드에 감염되었고, 공격자가 감염된 직원 PC를 기반으로 내부 시스템에 접근하여 대규모의 개인정보를 탈취하였다. 공격자는 동생이 그동안 보낸 메일의 성향 등을 분석하여 위장 이메일 내용을 작성함으로써 공격 대상자의 의심을 피할 수 있었다.

자료 : 인터파크 해킹관련 기사

사이버 범죄 수사의 한계

지금 이 시간에도 사이버 상에는 수많은 해킹 범죄가 시도되고 발생하고 있다. 사이버 범죄는 공격자 입장에서 리스크가 다른 범죄에 비해 상대적으로 적기 때문에 앞으로도 계속 증가할 것이다. 세계경제포럼WEF에 의하면 사이버 범죄자를 체포하여 법정에 세울 확률은 0.05% 미만이라고 한다. 반면 전통적 의미의 범죄자들보다 10% 내지 15% 정도 수익성은 높다. 또한 사이버 범죄 단체는 데이터 수집과 분석, 악성 프로그램이나 해킹도구 확보, 침입공격 전문, 콜센터, 자금 운반 등 각 단계별로 잘 조직화되어 있으며 운영의 효율성도 높은 것으로 알려지고 있다.

사이버 범죄는 피해자가 있기 때문에 어떤 피해가 발생하였는지는 알 수 있지만 공격자를 알아내기 위해서는 수사가 필요하다. 사이버 범죄 수사의 경우 각종 정보보호제품, 서버, 네트워크 장비 등에 산재된 디지털 증거를 수집·분석하여 공격자를 특정해야 하지만 다음과 같은 한계가 있다.

첫째, 사고 발생과 사고 인지 시점 간의 시차가 존재한다는 점이다. 해커가 공격에 성공하여 정보유출 등과 같이 해킹을 진행하고 있더라도 보통은 피해자가 알아차리지 못한다. 피해자가 피해를 인지하는 시점은 대부분 해킹 사고가 발생한 후 상당 시간이 지난 후가 되고, 수사기관에서 수사를 진행하는 시점은 좀 더 시간이 지난 시점이다. 그렇기 때문에 수사 자료로 쓰일 각종 로그, 설정파일 정보 등이 이미 유실되거나 훼손된 경우에는 수사에 사용하지 못하는 경우가 많다.

둘째, 방대한 규모의 로그에 대한 심층 분석이 필요하다. 사이버 범죄에서 공격 시점을 정확히 알고 있으면 며칠간의 로그만 분석하면 되지만, 공격 시점을 알 수 없는 경우에는 1년 또는 그 이상의 기간에 해당되는 방화벽, 침입탐지시스템Intrusion Detection System 등과 같은 보안 장비의 로그와 네트워크 및 서버의 로그 등 엄청나게 방대한 양의 각종 로그 기록을 분석해야 할 수도 있다. 로그 분석을 위해서는 최신 분석도구 뿐만 아니라 분석인력이 필요하다. 수십 기가 분량의 로그를 분석하기 위해서는 많은 전문 분석인력이 필요하기 때문에 어려움이 있다. 또한 일반적으로 공격자들은 조사를 방해하기 위해 로그를 변조하거나 삭제하는 경우도 많이 있어 수십 기가의 로그를 분석해도 원하는 결과를 반드시 찾을 수 있는 것도 아니다.

셋째, 공격에 사용된 서버는 해외에 존재하는 경우가 많다. 일반적으로 해커들은 자신의 위치를 숨기기 위해 해외 서버를 해킹한 후, 이를 기반으로 가상사설망VPN : Virtual Private Network 서비스 또는 다크웹의 토어 네트워크를 경유하여 공격을 수행한다. 우리나라에서만 발생한 공격인 경우에는 수사권이 있기 때문에 수사가 가능하지만, 해외를 경유한 경우 수사권이 없기 때문에 국제 공조 수사를 해야 된다. 그러나 국제 수사 공조는 진행하기가 쉽지 않고 진행되더라도 시간이 많이 소요된다.

넷째, 공격자를 특정하기가 어렵다. 해커는 자신을 숨기기 위해 다양한 회피 방법을 사용하기 때문에 해외에 존재하는 공격 서버를 국제수사 공조를 통해 분석하더라도 공격자를 특정하기는 거의 불가능하다. 지금도 위협 그룹이 지속적으로 공격을 하고 있고 글로벌 정보보호업체도 계속 위협 그룹을 추적하지만 여전히 공격자를 정확히 특정하는 것은 어렵다. 특히 공격 유형에 대하여 분석이 되더라도 유명 해킹 그룹을 사칭하는 경우도 있고 공격 수법을 모방하는 경우도 있기 때문에 더욱 그렇다.

마지막으로, 암호화폐를 추적하기가 어렵다는 점이다. 공격자는 주로 암호화폐를 요구하는 경우가 많다. 만약 피해자가 공격자에게 암호화폐를 제공할 경우 이를 추적하여 공격자를 체포 할 수만 있다면 좋겠지만, 암호화폐에도 다양한 암호화폐 세탁 방법이 있고 공격자는 교묘하게 이를 이용하기 때문에 수사기관이 이를 추적하는 것도 쉽지 않다.

사이버 범죄 수사에 국제 공조가 어려운 이유

대형 사이버 공격의 배후에는 글로벌 해킹 그룹이 있는 것으로 추정되지만 이를 국제 공조를 통해 수사하는 것은 어려운 문제이다. 여기에는 다양한 이유가 있겠지만 크게 3가지 원인을 들 수 있다.

첫째, 국가 간 법적인 문제이다. 국제 형사사법 공조를 위해서는 상호주의 원칙, 쌍방 가벌성 원칙, 특정성 원칙 등의 기준에 부합해야 가능하다. 상호주의 원칙이란 상대국이 사법 공조를 행하여 주는 만큼 자국도 동일 또는 유사한 범위 내에서 공조 요청에 응해야 한다는 원칙이다. 쌍방 가벌성 Dual criminality 원칙은 수사 요청국과 피요청국에서 모두 처벌 가능한 범죄가 성립하여야 한다는 원칙이다. 특정성 원칙은 요청국이 공조에 따라 취득한 증거를 공조요청 범죄 이외의 범죄에 관한 수사나 재판에 사용할 수 없다는 원칙이다. 이외에도 국가 간 사법 공조에는 여러 가지 제약이 있을 수 있다.

쌍방 가벌성 원칙에 따라 만약 우리나라에서는 범죄로 판단되지만 수사 협조를 요청받는 국가에서는 범죄로 판단되지 않을 경우 공조 자체가 되지 않기 때문에 우리나라 법률뿐만 아니라 피요청국의 법률도 알아야 국제 공조가 가능하다. 또한 상대 국가의 법률을 알더라도 그에 대한 판단의 문제도 남는다. 어쨌든 국제 공조를 위해서는 국가 간의 법률 체계를 파악하고 있어야 한다.

둘째, 수사의 기술력 문제이다. 사이버 범죄는 일반 범죄와 달리 디지털로 존재하는 증거를 기반으로 수사를 하는 것이기 때문에 수사 인력의 높은 기술력이 필요하다. 동일한 수준의 국제 공조를 위해서는 각국에서 사이버 범죄를 전담하는 높은 기술력을 가진 전문 인력이 많이 필요하지만 이는 각국의 상황에 따라 여건이 다르다.

그리고 디지털 증거를 조사하기 위해서는 최신의 포렌식 장비와 프로그램 등이 필요하다. 국제 공조를 위해서는 어느 정도 동일한 수준의 포렌식 장비와 프로그램 등을 양 국가의 사법당국이 같이 보유해야 하는데, 국가에 따라 보유한 장비 및 프로그램이 다르기 때문에 분석 결과가 상이할 수 있다는 점이 문제이다.

셋째, 디지털 증거 수집 문제이다. 사이버 범죄는 무엇이 발생하였는지는 파악이 가능하지만 공격자의 실체를 알아내는 것은 거의 불가능하기 때문에 공조 수사를 요청하기가 어렵다.

다양한 증거 수집을 통해 공격자를 알아내고 국제 공조 수사를 요청 하더라도 법적인 절차는 국가별로 진행되기 때문에 진행 속도가 느리다. 또 법적인 절차를 완료하여 수사가 시작되어도 이미 공격발생 시간이 많이 지난 시점인 경우 수집된 디지털 증거가 변경되거나 사라져 실제로 사용하지 못하는 문제가 발생할 수도 있다.

그리고 디지털 증거의 수집도 양국 법정에서 모두 인정하는 방식을 따라야 한다. 만약 한쪽 국가에서만 인정하는 방식으로 디지털 증거를 수집할 경우 다른 국가에서는 증거 능력이 상실될 수 있다.

사이버 전력은 대표적인 비대칭 전력

일반적으로 전쟁에 이용되는 전력에는 대칭 전력과 비대칭 전력이 있다. 탱크, 전차, 군함, 전투기, 미사일, 총포 등의 재래식 무기를 대칭 전력이라고 한다. 투자한 만큼 효과를 나타내기 때문이다. 반면 재래식 무기에 비해 인명을 살상하는 데 있어 월등한 위력을 발휘하고 적은 비용으로 효과를 극대화하는 것을 비대칭 전력이라고 한다. 비대칭 전력은 실제로 직접적인 전투를 벌이지 않으면서 확보하는 전투력이다. 대표적인 비대칭 전력은 핵무기, 생화학 무기, 탄도 미사일과 같은 대량살상무기와 땅굴로 침투하는 무장공비, 잠수함 등을 통한 기습 공격과 게릴라전과 같은 비정규군의 전력이다. 재래식 무기로는 전력의 열세를 극복할 수 없기 때문에 북한 등 많은 국가에서는 비대칭 전력 위주로 군사력을 강화하고 있음은 잘 알려진 사실이다.

그런데 사이버 전력 또한 대표적인 비대칭 전력이다. 사이버 공간을 이용한 공격은 그 은밀성과 비대면성의 특징을 갖고 있으며, 그 유지 비용이 타 전력에 비해 월등히 적으면서 그 효과는 매우 크다. 또한 전시와 평시를 막론하고 효과를 거둘 수 있고 전력을 지속할 수 있는 장점이 있으며, 공격자의 신분을 감출 수 있기 때문에 각 국가는 은밀하게 사이버 전력을 확보하기 위해 노력하고 있다.

특히 자유북한방송 및 외신 등에 따르면 북한은 사이버 전사를 양성하기 위해 어릴 때부터 컴퓨터 영재반을 조직하고 체계적으로 교육을 시키며,

김일성종합대학이나 김책공업전문대학 등에 입학을 시켜 전문 기술을 가르치는 것으로 알려져 있다. 1990년대 초반부터 북한은 사이버 전력의 중요성을 인식하고 최고 수준의 전문성을 갖춘 사이버 인력을 양성하고 이를 국방위원회 산하 정찰 총국이 총괄 지휘하고 있다고 한다.

그간 세계를 떠들썩하게 한 해킹 사건의 배후에 북한 해킹 그룹이 있다는 것은 잘 알려진 사실이다. 그러다보니 미국과 유엔에서는 이들을 제재 대상에 포함하여 미국 내 이들 관련 자산을 동결시키고 이들과의 거래 행위도 금지하는 등의 조치를 취하고 있다.[25]

지금 세상은 인터넷과 전자통신 기기 없이는 살 수 없다. 군사장비 또한 최첨단의 전자적 장치로 작동하고 있다. 앞으로의 전쟁은 재래식 무기보다는 사이버 전력에서 먼저 기선을 제압해야 한다고 한다. 우리도 안보적 현실을 감안할 때 사이버 대응역량을 키워야 함에는 군관민이 따로 없다.

---

25   미국 재무부 해외자산통제국(OFAC)은 라자루스, 블루노로프, 안다리엘 등 북한의 3개 해킹그룹을 제재하였다. 이들 그룹은 미국과 유엔의 제재 대상이며, 북한의 정보당국인 정찰총국의 통제를 받고 있는 것으로 알려져 있다.(출처 : 경향신문 등, 2019.09.14.)한편 미국 법무부는 현금과 가상화폐 13억달러(1조 4천억원)를 해킹으로 빼돌린 혐의로 북한 해커 3명을 기소하였다.(출처 : KBS뉴스 등, 2021.02.18.)

보안 취약점 책임공개와 사이버 보안

2019년 3월 미국 상원에서는 2016년 9월 발생한 대형 사이버 보안사고인 미국 신용평가사 에퀴팩스의 약 1억4천만 명 개인정보 해킹 사건에 대한 조사 보고서를 발표했다. 보고서에 따르면 '아파치 스트러츠'라는 널리 알려진 취약점에 대해 에퀴팩스가 2년 동안 제대로 예방 조치를 하지 않은 사실이 드러났다.

2018년 2월에는 미국 증권거래위원회SEC가 투자자 보호를 위해 상장기업들에게 사이버 보안 취약점을 공개하도록 하는 가이드라인을 발표했다. 사이버 보안 취약점을 이용한 내부자 거래를 금지하고 이러한 취약점 정보를 늦지 않게 공개할 것을 제안한 것이다. 우리가 이용하는 소프트웨어·하드웨어나 정보기술IT 서비스 등에는 이미 알려졌거나 아직도 알려지지 않은 수많은 보안 취약점이 존재한다. IT 서비스 개발업체 등이 외부 침입을 아예 차단하는 완벽한 제품이나 서비스를 만드는 것은 불가능한 일이다. 보안 취약점은 서비스 이용자나 화이트해커 등 다양한 이해관계자에 의해 발견될 수 있으며 지속적으로 증가하고 있다. 또한 취약점에 대한 보완 조치인 패치가 공개되기 이전에 취약점이 범죄자에게 넘어갈 경우 그 피해가 크게 증가할 수 있으며 일반적으로 취약점에 대응하는 비용이 이를 악용하는 비용보다 크다는 특징이 있다.

사이버 해킹은 공격 대상의 보안 취약점을 알아내는 데서 시작된다. 공격자들은 직접 보안 취약점을 찾아내기도 하고 블랙마켓에서 비싼 비용을 지불하고 이를 구입하기도 한다. 사이버 공격 방어자 입장에서는 보안 취약점 정보가 범죄자의 손에 넘어가기 전에 이를 파악해서 패치 조치를 하는 것이 무엇보다 중요하다. 유럽연합EU, 미국을 비롯한 많은 국가에서는 침해사고 대응기관을 중심으로 보안 취약점 제보에서 조치까지 일련의 절차를 다루는 보안 취약점 공개제도를 운영하고 있다. 국내에는 2006년부터 한국인터넷진흥원KISA과 일부 기업에서 버그바운티로 알려진 보안 취약점 신고포상제도를 운영하고 있으나 아직 체계화된 보안 취약점 공개제도는 없다.

발견된 보안 취약점은 이를 악용하지 못하도록 공개할 필요가 있다. 그러나 패치가 이뤄지지 않은 상태에서 공개를 하게 되면 오히려 범죄자들이 취약점을 이용해 공격을 하게 돼 큰 혼란과 피해가 초래될 수 있다. 따라서 취약점이 범죄자의 손에 넘어가기 전에 이를 파악하고 패치 개발업체나 서비스 이용자에게 알려줘 적절한 조치가 이뤄진 뒤 이를 공개하는 보안 취약점 책임공개제도를 도입하자. 여기에는 취약점 제보자에 대한 보상 등을 포함해 다양한 관계자들이 관심을 갖고 참여할 수 있도록 설계돼야 한다. 사슬은 약한 고리부터 끊어진다. 사이버 상에는 늘 공격자들이 존재하고 어딘가에는 약한 고리인 취약점이 있다는 사실을 인정하는 것이 보안의 또 다른 출발점이다.

(2019.4.15. 서울경제 로터리 칼럼, 부분 수정)

PART 4

사이버 세상 지키기

07

디지털 포렌식의
세계

2018년 7월경 세상을 떠들썩하게 했던 숙명여고 시험지 유출 사건을 기억하는가. 당시 숙명여고 2학년에 재학 중이던 A교사(교무부장)의 쌍둥이 딸이 각각 문과, 이과에서 내신 성적 전교 1등을 차지하면서 시험지를 사전 유출했다는 의혹이 불거졌다. 학부모들이 촛불을 들고 나서면서 사건이 사회적 이슈로 커지고 서울시교육청에서 특별감사를 벌였으나 물증은 찾지 못한 상태에서 경찰에 수사가 의뢰되었다. 경찰은 디지털 포렌식 수사로 해당 교사가 시험지 또는 정답을 확인하고 딸들에게 미리 전해준 물증을 확보하였다고 한다.[26]

2019년 5월 고○○ 전 남편 살해사건 수사에서는 자신의 휴대전화로 시

---

26 "숙명여고 시험지 유출, 포렌식으로 물증 잡았다", 노컷뉴스, 2018.10.10.

신 유기 방법을 알아보기 위해 '니코틴 치사량', '살인 도구', '시신 유기 방법'에 대하여 정보를 검색한 이력이 검찰의 휴대폰 포렌식 수사 과정에서 나타났고 이것들이 범죄의 주요 증거로 활용되었다고 보도되었다.[27]

우린 언론 보도를 통해 각종 수사에서 디지털 포렌식 기술이 동원되고 결정적 증거를 이를 통해 찾았다는 보도를 자주 접한다.

디지털 포렌식이란 무엇인가?

디지털 포렌식Digital Forensics이란 법의학에서 사용되었던 포렌식Forensics을 디지털 영역에 접목한 용어이다. 흔히 기술적 용어로만 비춰지는 디지털 포렌식이 법정에 증거로 인정되기 위해서는 무엇보다 적법성이 갖추어져야 한다. 따라서 식별, 분석, 보존 및 제출 등 디지털 포렌식의 모든 단계에서 자료의 무결성無缺性이나 증거 수집 절차의 적법성을 법정에서 입증할 수 있도록 신뢰성 높은 장비로 증거를 수집하고 분석하는 것이 가장 중요하다.

세상이 디지털 환경으로 바뀌고 각종 디지털 기기를 사용하면서 모든 흔적들이 디지털 기기에 남게 됨에 따라 수사기관의 디지털 증거 분석은 크게 증가하고 있다. 아래 통계에서 보듯 경찰의 디지털 증거 분석 건수는 최

---

27 "지난달 1일 경찰에 붙잡혀 사건 발생지 제주로 압송된 고○○은 이어진 조사에서 범행을 인정하면서도 계획범죄 가능성은 일관되게 부인하고 있다. 그러나 수사당국은 고○○의 청주시 자택을 압수수색하고, 휴대전화 디지털 포렌식(Digital Forensic) 수사기법을 통해 다수의 계획범죄 증거를 확보한 것으로 파악됐다."(출처 : "'제주 전 남편 살해 사건' 고○○ 오늘 기소… 재판 쟁점은?", 뉴시스, 2019.07.01.)

근 5년간 약 3배 이상 급증하였고, 경찰 내 포렌식 전문인력 또한 크게 증가하였다.

디지털 증거 분석 증가 현황

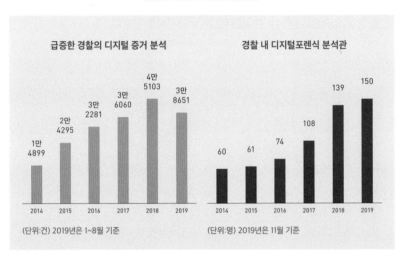

자료:경찰청

이제는 디지털 기기를 매개체로 다양한 사건 사고가 발생하면서 법정에서 사실관계를 규명하고 증명하기 위한 필수적인 절차와 방법으로 디지털 포렌식이 주목을 받고 있다. 디지털 포렌식이 과거에는 컴퓨터 하드디스크 검사와 같은 단순한 기술 차원이었다면 이제는 다양하고 복잡한 정보수집 기술 및 분석 작업이 요구되는 고도의 기술로 성장하며 급격하게 발전하고 있다.

디지털 포렌식의 주요 분야 및 절차는 다음 그림과 같다.

24·365 보안 이야기
The Other Side of Innovation

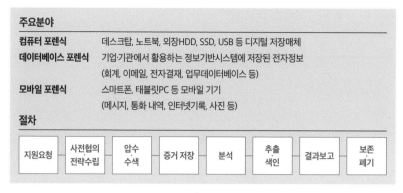

주요분야	
컴퓨터 포렌식	데스크탑, 노트북, 외장HDD, SSD, USB 등 디지털 저장매체
데이터베이스 포렌식	기업·기관에서 활용하는 정보기반시스템에 저장된 전자정보
	(회계, 이메일, 전자결재, 업무데이터베이스 등)
모바일 포렌식	스마트폰, 태블릿PC 등 모바일 기기
	(메시지, 통화 내역, 인터넷기록, 사진 등)

절차

지원요청	사전협의 전략수립	압수 수색	증거 저장	분석	추출 색인	결과보고	보존 폐기

자료 : 검찰청 홈페이지, 국가법령정보센터

디지털 포렌식을 크게 두 가지 종류로 나눈다면 디지털 저장매체에 기록되어 있는 데이터를 복구하여 법정 증거를 수집 분석하기 위한 정보추출 포렌식Information Extraction Forensics과 침해사고 발생 시 대응을 위한 사고대응 포렌식Incident Response Forensics으로 나눌 수 있다.

그러나 최근 디지털 포렌식의 흐름을 보면 범죄 수사가 아닌 분야에도 포렌식 기술을 사용하는 등 그 범위가 크게 넓어지고 있다. 예를 들어 디지털 포렌식 기술은 수사기관의 범죄 해결 목적 외에도 회계 데이터의 은닉과 조작을 판단하는 등 기업의 내부 감사를 위한 목적, 해킹 등 침해사고 발생 시 원인 분석을 위한 목적, 저작권 침해를 단속하기 위한 목적, 기타 삭제된 중요 자료에 대한 복구 등 다양한 목적으로 활용되고 있다.

이 중 금융보안원은 금융분야 침해사고대응기관으로서 사고대응 포렌식을 중점적으로 수행하며 침해사고가 발생할 경우 금융사의 요청에 따라 그 원인을 밝혀내는 역할을 맡고 있다.

디지털 포렌식 뭘 어떻게 하는 것인가?

일반적으로 파일을 삭제하면 기록이 기기에서 영구적으로 없어질 것이라고 생각하기 쉽지만 사건 현장에 사람이 지문이나 DNA가 남는 것처럼 디지털 기록 역시 이러한 흔적들을 남긴다. 우리가 소지하고 있는 디지털 기기는 이용 과정에서 발생하는 다양한 기록들을 매 순간 저장하고 있다. 디지털 기기는 운영시스템이라는 소프트웨어를 바탕으로 눈에 보이지 않는 운영시스템 곳곳에 사용 흔적을 기록으로 남기기 때문이다.

예를 들어 범죄자들이 사용하고 있는 스마트폰이나, PC와 같은 디지털 기기에는 인터넷 접속 기록, 이메일과 채팅 내역, 검색 기록 등 범죄 행위 정황을 파악할 수 있는 흔적뿐만 아니라 파일 삭제, 숨기기, 조작, 훼손 등 범죄를 은폐한 흔적도 남긴다. 이를 역추적해 파일을 복원하면 법정에서 이 흔적들은 결정적인 증거로서 역할을 할 수 있는 것이다.

금융보안원은 침해사고대응기관으로서 침해 사고에 한정하여 포렌식을 하고 있기 때문에 범죄 수사와는 성격이 다르다. 금융보안원은 금융회사의 사전 요청을 받아 침해사고의 원인을 파악하고 대응할 수 있도록 지원하는 역할을 담당하고 있기 때문에 포렌식 작업 전에 요청 금융회사와 포렌식 대상이나 범위 등에 대하여 사전 조율하는 작업을 선행한다. 과거 사건 해결을 위한 보조적인 수단으로 활용되었던 디지털 포렌식 기술은 최근 사이버 상의 보안 위협이 확대되면서 단순 범죄뿐만 아니라 금융 사고에 대한 원인을 밝혀내고 사고가 확산되지 않도록 돕기 위한 열쇠로도 주목받고 있다. 디지털 기기의 발달과 함께 디지털 기기가 범죄의 주요 수단으로 이용되면서 각종 수사와 사건 사고에 이제 디지털 포렌식은 빠질 수 없는 요소가 되어가고 있다.

포렌식 전문가들의 세계

금융보안원에도 다수의 포렌식 전문가들이 있다. 그들의 업무 수행 과정을 통해 포렌식 전문가들의 세계를 살펴보면 여러 가지 애로사항과 함께 몇 가지 흥미로운 결론에 도달하게 된다. 그들의 생각과 이야기를 소개한다.[28]

① 아는 만큼 보인다

포렌식 전문가는 디지털 기기에 대한 정확한 분석을 위해 방대한 양의 사전 지식이 필요하다. 더군다나 PC, 서버, 스마트폰, 태블릿 등 범죄와 관련될 수 있는 디지털 기기는 무궁무진하고 기기별로 제조사나 특징도 다양하

---

[28]　디지털 포렌식과 관련한 이야기는 금융보안원 침해대응부 직원들과의 면담이 기초가 되었다.

다. 포렌식 전문가에게도 잘 모르는 부분은 존재할 수밖에 없기 때문에 항상 공부하고 확인하는 자세가 중요하다. 해마다 새롭게 출시되는 기기와 업데이트 내용 등 최신 동향의 정보에 무척 밝아야 함은 물론이다. 포렌식 전문가들이 침입자의 공격, 침해사고 행위 등을 분석하다보면 동일한 패턴을 찾는 경우가 빈번하다. 예를 들어, 북한 관련 공격자들의 행위를 분석하다보면 인터넷 기록이나 특정 구간에 항상 기록을 지우고 나가는 패턴 등 반복적인 특징이 존재한다. 그만큼 경험과 전문성이 많을수록 볼 수 있는 부분도 커진다.

② 포렌식은 숨은 그림 찾기·퍼즐 맞추기이다

시쳇말로 '노가다' 작업이다. 아무리 지식이 많아도 일일이 찾아야 하며 꼼꼼해야 한다. 디지털 기기에 쌓인 로그 기록은 워낙 방대하므로 시행착오도 많이 겪을 수 있다. 인터넷 히스토리에도 없고 USB 흔적에도 없고 심지어는 시간 정보를 조작하는 경우도 있어 이러한 상황에서는 무척 난감하다. 퍼즐을 맞추듯 단서의 조각들을 하나씩 맞추고 시간 순서대로 나열하며 분석을 진행하게 된다.

③ 소명의식이 있어야 한다

금융회사의 보안을 지원하는 입장에서 감염 원인, 피해 확산 등을 정확하게 밝히는 것이 디지털 포렌식 전문가의 역할이다. 정확한 원인을 밝혀내야 2차 또는 3차 피해를 막을 수 있고 타 금융권에 상황 전파를 통해 추가 피해를 막을 수 있기 때문에 막중한 책임감을 갖고 업무에 임하고 있다. 그러나 명확한 결론이 나오지 않으면 그에 대한 압박감이나 부담감은 무척 커지기 마련이다. 만일 답을 밝혀내는 것에 실패한다면 명확한 방점을 찍기보다는 어떻게 추측이 된다는 것으로 결론을 낼 수밖에 없다.

④ 무궁무진하다

디지털 포렌식은 분석 목적이나 분석 대상에 따라 다양한 유형이 존재한다. 2018년 금융보안원 직원들이 참여했던 디지털 포렌식 분야 국제 경진대회인 '디지털 포렌식 챌린지'의 경우, 총 5개 분야(안티 포렌식, 침해사고 대응, IoT 포렌식, 디스크 포렌식, 증거분석 포렌식)에서 문제가 출제된 바 있다. 디지털 포렌식 전문가가 되기 위해서는 다양한 분야에 대한 폭넓은 지식이 필요함을 알 수 있다.

만능 열쇠인가?

일부 언론에서는 가끔씩 포렌식이 마치 절대적인 해결 수단인 양 보도하기도 한다. 그러나 포렌식은 기술의 한 종류일 뿐이다. 흔히들 포렌식을 하면 없었던 것이 새로운 것으로 '짠' 하고 나타나는 것으로 오해를 많이 한다. 디지털 포렌식을 통해 주요 사실을 규명하는 수단 중 하나인 것은 맞지만 마치 디지털 포렌식이 절대적인 판단 잣대나 증거 구현 수단으로 잘못 알려져

서는 안 될 것이다.

디지털 포렌식은 데이터가 이미 존재하지만 눈으로는 보이지 않거나 특정한 방법을 이용하여 확인할 수 있는 데이터를 추출하는 과정이다. 따라서 처음부터 존재하지 않는 정보를 복원하거나 소실된 데이터까지 확인하는 것은 불가능하다. 범죄자나 해커가 기기에 남은 각종 흔적들이나 파일을 완전 삭제하였거나, 다른 데이터가 디스크 특성에 의해 완전히 덮어씌워질 경우 파일을 복구하는 것이 어려울 수 있다. 또한 자기장을 이용하여 디스크를 의도적으로 훼손했거나 휴대폰이 잠겼을 경우에는 우선적으로 암호를 해제해야만 분석이 가능하기 때문에 디지털 포렌식이 모든 문제를 풀수 있는 열쇠인 것은 아니다.

만일 지워진 데이터를 찾을 수 없다던가, 시간이 많이 흘러 데이터가 소실되는 경우 시작부터 종료까지 완전한 그림을 그리기는 어려워진다. 이 경우, 분석가들은 경험과 노하우를 통해 그림을 추정할 수밖에 없다. 즉 모든 과정에서의 퍼즐을 완벽하게 짜 맞출 수 없기에 기존 발생한 취약점 등 남아있는 데이터를 기반으로 최초에 어떤 식으로 침입이 발생했는지 그 원인을 추측 하는데서 그치는 경우도 있다.

쫓고 쫓기는 기술 이야기, 그리고 한계

안티 포렌식Anti-Forensics이라는 용어가 있다. 이는 디지털 포렌식 기술에 대응하여 자신에게 불리하게 작용할 가능성이 있는 증거물을 훼손하거나 차단하는 행위를 일컫는다. 그리고 분석가들이 이에 맞서는 것을 안티-안티 포렌식Anti-Anti-Forensics으로 표현하기도 한다. 안티 포렌식과 안티-안티 포렌식 기법은 마치 창과 방패처럼 그 무엇 하나 서로 뒤처지지 않기 위하여 연구가 활발히 진행되고 있는 영역이다. 쉽게 말해 범죄자들은 자신의 범죄와 관련된 파일이나 이메일, 채팅내역 등을 교묘하게 삭제하여 범죄 행위를 은폐하려고 하지만 분석가는 삭제 행위를 예상하고 이에 대한 기록을 찾아 파일을 복원하여 증거를 밝히고자 노력하는 것이다.

물론, 범죄자가 IT에 대한 지식이 거의 없어 단순 삭제만 한 경우라면 삭제 파일이 휴지통에 있는 경우가 있을 수 있고 휴지통에 없다 하더라도 분석가는 인터넷 히스토리에 기록된 접속, 다운로드 내역이나 최근 실행한 파일 등의 기록으로 범죄와 관련 있다는 증거는 어렵지 않게 찾을 수 있다. 삭제 파일이 눈에는 보이지 않지만 운영시스템 내부의 특정 영역에 그대로 남아 있어 파일을 복원할 수 있기 때문이다.

하지만 최근에는 안티 포렌식을 자동화해주는 전문 도구들도 속속 등장하며 안티 포렌식 기술이 점차 고도화 되고 있다. 디지털 포렌식 기술의 발전과 함께 데이터 삭제 기술, 은닉 기법과 같은 안티 포렌식 기술이 대항력을 갖추며 빠르게 발전해 나가고 있다. 이처럼 이 둘은 서로 쫓고 쫓기는 관계를 형성하며 끊임없이 매 순간 상호작용할 수밖에 없는 운명이다. 더욱이, 최신 운영시스템에서는 디스크 암호화가 가능해져 포렌식 분석이 점점 어려워지고 있다. 이제 포렌식 전문가들에게 안티 포렌식 기법에 대한 공부는 한 발 앞서 나가기 위한 선택이 아닌 필수가 되었다.

위 기사와 관련한 금융 사고나 침해 위협사고의 경우 증거 확보나
그 전모를 파악하기 위해 디지털 포렌식 기술이 사용되었던 사례이기도 하다.

전문역량을 키우다

육·해·공군 사이버 수사대를 비롯해 국방부와 같은 공공기관, 검찰·경찰 등의 국가 수사기관부터 대검찰청까지 디지털 포렌식은 이제 필수불가결한 기술이 되고 있다. 2017년 서울시에서는 디지털포렌식센터를 개소하여 지자체 최초로 수사기관과의 공조 시스템을 마련하였으며, 2019년 환경부에서는 디지털포렌식센터를 설립하여 환경오염물질 분야에 대해서도 과학적인 수사 기법을 적극 적용한 바가 있다. 이제는 다양한 분야에서 디지털 포렌식 기술 수요가 크게 증가하고 있으며 이에 대응하여 디지털 포렌식의 역할과 기능이 점차 확대되고 있다.

그 중 금융보안원은 금융 분야에서 우수한 디지털 포렌식 역량을 보유하고 있는 기관이라 자부할 만하다. 금융보안원은 전자금융감독규정에서 지정한 금융분야 침해사고대응기관으로서 디지털 포렌식을 통해 침해사고를 분석하고 있다. 2016년부터 디지털 포렌식 랩Lab을 구축하여 금융회사가 요청하는 디지털 포렌식 업무를 원활하게 수행할 수 있도록 국내 최고의 디지털 포렌식 분석 환경을 구축해왔다.

특히, 금융권의 경우 대부분 써드파티 앱Third Party App(제조사나 통신사에서 만든 기본 탑재 앱이 아닌 일반 앱스토어 등에서 다운로드 받을 수 있는 앱)을 사용하기 때문에 금융보안원은 금융회사에서만 사용하는 특화된 솔루션에 대한 노하우를 갖고 침해사고에 효과적으로 대응해 나가고 있다. 또한 금융사고를 예방하기 위해 사이버 침해사고 시 피해 규모가 클 것으로 예상되는 주요 시스템에 대해서도 포렌식 서비스를 제공하여 악성코드와 같은 위협의 존재 여부를 사전에 확인할 수 있도록 금융회사를 지원하고 있다.

포렌식에 대한 개인별 전문성은 해킹 실력과 마찬가지로 혼자서 공부하는 것에는 한계가 있다. 금융보안원 직원들은 '학습동아리'를 통해 최신 포렌식 기술에 대해 자발적으로 연구하고 지식을 공유하는 등 집단지성을 이용해 업무 능력을 개발해 나가고 있다. 특히 과거 포렌식 기술 지원을 통해 성과를 보였던 실제 사례를 발표하고 서로 토론을 통해 흔적 추적기법을 학습하고 이를 공유하는 것은 전문가들에게는 매우 중요한 자기 성장의 기회이기도 하다.

금융보안원 학습동아리 'under_FSI'는 2018년 권위 있는 국제 규모의 디지털 포렌식 대회인 '디지털 포렌식 챌린지(DFC 2018)'에서 우승을 차지하는 성과를 거두기도 하였다.

2018년부터 금융보안원은 직원, 대학생, 금융사 직원 등으로 그 참가대상을 확대해 가며 매년 침해위협분석대회(FIESTA : Financial Institutes' Event on Security Threat Analysis)를 개최하고 출제 범위에 디지털 포렌식 분야를 포함시켜 디지털 포렌식 역량을 대내외적으로 높이기 위해 노력하고 있다.

2019년에는 금융회사들이 사이버공격 대응 업무에 디지털 포렌식 기술을 활용할 수 있도록 하기 위해 공격정보, 분석방법, 예방법을 집약적으로 적용한 위협 분석 모델을 개발하였다. 악성코드 감염에 대한 침해상황에서 정보 담당자가 어떻게 분석하고 무엇을 조치해야 할 지 혼란을 겪을 때 빠르고 정확하게 분석할 수 있도록 방침을 제공한 동 모델은 〈악성코드 중심의 침해대응 매트릭스 모델링〉이라는 인텔리전스 보고서로 발간하고 대외에 공유하였다.

〈악성코드 중심의 침해대응 매트릭스 모델링〉

디지털 포렌식 전문가는 기본적으로 소명의식과 사명감이 남다르다. 주어진 시간 내에 사건을 밝혀내야 한다는 부담감을 항상 갖고 있으면서 동시에 남의 기밀정보를 다룰 수 있기 때문에 신중하고 윤리적인 자세가 매우 중요하기 때문이다. 특히, 디지털 증거물을 확보할 때 포렌식 전문가가 증거물을 압수하는 현장에 참관하는 것은 현장 증거물에 대한 법적 신뢰도를 높이고 이후 재판 과정에서 법적인 효력을 높여주기도 한다. 그런 업무 환경으로 인해 디지털 포렌식 전문가는 무엇보다 책임 의식을 가져야하는 직업이다.

디지털 포렌식 전문가가 되기 위해서는 먼저 침해 원인을 찾기 위해 여러 가지 흔적이라고 불리는 아티팩트Artifact의 수집과 분석 능력이 필요하다. 분석에 필요한 운영시스템은 수십에서 수백 개까지 존재할 수 있는 만큼 디지털 포렌식 전문가는 운영시스템에 대한 전반적인 지식 습득을 통해 다양한 전자적 증거를 밝힐 수 있는 기본 능력이 있어야 한다. 또한, 소프트웨어에 대한 지식을 기반으로 데이터를 빠르고 정확하게 분석할 수 있는 능력도 필요하다. 모의 해킹 경험이나, 악성코드 분석 능력이 있다면 디지털 포렌식 분야 접근은 더욱 수월해질 수 있다.

성균관대학교에서는 2016년 국내 최초로 과학수사학과를 개설하여 디지털 포렌식 분야에 대한 세부 전공을 마련하여 체계적인 교육 시스템도 마련한 바가 있다. 그러나 가장 빠르고 효과적으로 포렌식 실력을 기르기 위해서는 무엇보다 자격증 취득을 위해 공부하는 것이 효과적이며, 이후에는 디지털 포렌식 대회에도 참여하여 자신의 역량을 테스트해볼 수 있다.

디지털 포렌식 자격검정시험

종목	자격의 종류	등록번호	자격발급기관
디지털포렌식 전문가 1급	등록민간자격	2011-0185	(사)한국포렌식학회, 한국인터넷진흥원 (공동발급기관)
디지털포렌식 전문가 2급	국가공인 민간자격	2011-0185 *공인번호 : 법무부 제2017-1호	

보안 분야에서 디지털 포렌식 전문가는 광활한 시야에서 침해 사고를 바라보고 남들이 보지 못하는 증거를 발견하여 분석해낼 수 있는 우수한 보안의 눈을 가져야 한다. 앞으로 사물인터넷, 인공지능, 클라우드 혁신기술이 끊임없이 등장하면서 디지털 포렌식 분석 대상은 점점 더 확대되고 사이버 침해 범죄도 이를 이용해 더욱 다변화, 고도화 될 것으로 예상되는 만큼 디지털 포렌식의 미래는 지속적으로 변화하고 진화하면서 발전해 갈 것이다.

08

24·365
보안관제 이야기

부지런한 사이버 범죄자

최근 우리가 살아가고 있는 일상은 인터넷을 빼고는 얘기하기가 어렵다. 모바일뱅킹으로 대표될 수 있는 금융 분야는 물론이고 옷이나 신발 같은 생필품을 살 때, 그리고 심지어는 중국집에서 짜장면을 배달시켜 먹을 때에도 인터넷을 통해 주문하고 그 대가를 지불한다. 인터넷이 없는 세상은 상상할 수도 없으며 하루에도 우리는 인터넷 공간에서 수 없이 많은 편의와 혜택을 누리고 있다.

하지만 범죄자들에게 인터넷은 범죄의 무대로 삼기에 많은 장점이 있다. 현실 세계에서 범죄를 저지를 때 감수해야 하는 신분 노출 위험이 인터넷에서는 훨씬 감소하기 때문이다. 과거에는 범죄의 결과물을 현금화할 경우 신분을 숨기려고 이른바 타인 명의의 대포통장 등을 활용했는데 이제는 비트코인으로 대표되는 암호화폐가 신분노출의 위험을 크게 줄여줄 수 있으니 범죄자 관점에서 인터넷 범죄는 한층 더 매력적으로 다가올 수밖에 없다.

우리는 흔히 범죄자들을 주인공으로 한 영화들(도둑들, 오션즈 시리즈 등)을 통해 범죄자들이 범죄 대상 물색, 금고털이, 도주로 확보, 장물의 현금화 등 각자가 지니고 있는 전문영역을 가지고 분업화하여 범죄에 성공하는 것을 볼 수 있다. 이런 경향은 사이버 범죄에서도 유사하게 나타난다. 심지어 최근에는 익명성이 보장된 음성적 시장인 다크웹이 확산되면서 사이버 범죄자들은 악성코드, 신상정보, 악성코드에 감염된 좀비 PC로 이뤄진 대규모 네트워크, 세상에 알려지지 않은 신규 취약점 등 범죄에 필요한 무궁무진한 정보와 전문적인 자원들을 활발하게 거래하고 있다. 이처럼 범죄자들은 저 너머 음지에서 사람과 데이터, 사물이 연결된 초연결Hyper Connectivity 사회를 악용하며 우리의 일상생활에 파고든 정보기술을 기반으로 너무나도 쉽게 사이버 위협을 가하고 있다.

집에 있는 스마트 기기도 악성코드에 감염되어 언제든 공격을 수행하는 무기로 변모할 수 있고 설사 감염이 되지 않았더라도 취약점만 있으면 무기가 될 수 있는 소지는 충분하다. 특히, 돈이 되는 먹잇감을 찾을 경우 범죄자는 다양한 사이버 무기를 장착하고 금융회사 등을 대상으로 무차별적인 공격을 감행한다. 이러한 공격은 금융회사의 서비스를 마비시키고 결국 스마트폰으로 결제, 쇼핑에 익숙해진 국민들에게 상상도 할 수 없는 불편을 초래한다.

24시간 365일 보안 관제

이러한 사이버 공격을 불철주야 감시하는 곳이 있다. 바로 금융보안원의 금융보안관제센터이다. 금융보안관제센터는 24시간 365일 연중무휴 금융권을 대상으로 위협하는 사이버 공격을 탐지하고 있다. 사이버 공격 대응 건수는 매년 늘어나고 있는 추세로 일평균 약 6,500건의 공격을 방어하고 있다.

금융보안원 사이버공격 대응 건수 추이

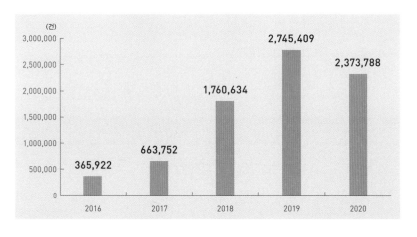

사이버 보안관제는 '국가-부문-개별회사'의 3선 방어체계로 구성되어 있

다. 금융보안원은 금융부문을 대상으로 한 2선의 통합보안관제를 실시하고 있는 기관이다. 금융보안원은 금융회사의 전자금융거래를 수행하는 인터넷 구간에 설치된 보안관제장비를 통하여 전자적 침해시도와 발생 상황을 항시 탐지·분석하고 대응할 태세를 갖추고 있다.

3선 보안관제 체계

부문 보안관제센터의 필요성

국내에서는 사이버 안보 업무규정에 따라 국가정보원 소속의 국가사이버안보센터를 두고 공공기관의 장은 사이버공격 정보를 탐지·분석하여 즉각적인 대응 조치를 할 수 있는 기구(보안관제센터)를 설치, 운영하도록 의무화하였다. '부문 보안관제센터'는 중앙행정기관의 장이 해당 기관 및 관할 하급기관의 정보통신망을 대상으로 운영하는 보안관제센터 등으로 정의[29]할 수 있는데 부문 보안관제센터의 설치·운영에 따른 침해대응 활동은 다음과 같은 장점이 있다.[30]

① **효용성** : 보안관제 대상기관 백본Backbone 네트워크[31]에서 수집되는 전체 보안이벤트를 수집함으로써 보안관제 영역에 대한 전반적인 침해위협 동향 수집 분석이 용이하다.

② **일관성** : 전용 보안장비를 활용하여 보안이벤트를 수집하기 때문에 보안정책(탐지패턴) 개발 적용이 용이하고 이를 통해 일관성 있는 침해대응 활동을 수행할 수 있다.

③ **신속성** : 해킹공격에 대한 사전징후 포착 시 전용 보안장비에 대한 보안정책 일괄적용이 용이하며, 동일한 구성이기 때문에 특정 기관에서 발생한 구조적 문제 또는 해킹 사례를 분석하여 보안관제 영역 전반에 신속히 전파할 수 있다.

사이버 범죄자들은 금융과 같은 특정 업권을 타깃으로 공격을 감행하기도 한다. A은행에 공격했던 동일한 방식으로 B은행에 공격하기도 하고 C증권회사로 공격하기도 하는 경우가 있어 부문보안관제센터에서 해킹 공격에 대한 사례를 분석하여 전파하게 되면 침해대응 활동이 훨씬 용이해진다.

---

29   국가정보원, 국가정보보안기본지침

30   박시장외 1명, <국내 보안관제 체계의 현황 및 분석>, 한국전자통신학회 논문지, 2014.02.

31   백본 네트워크는 여러 소형 네트워크들로부터 데이터를 수집해 빠르게 전송할 수 있는 대규모 전송 회선이다.

최근에는 이러한 업권을 넘어서 A금융회사에서 발생한 공격이 B공공기관에 발생하기도 하고 C대기업에 발생하기도 하였다. 실제 일본의 D금융회사에서 발생한 사이버 공격은 다음날 국내 E금융회사에 발생하기도 하였다. 사이버 공격은 업권의 경계, 국가 간의 경계가 없기 때문에 정보 공유는 더욱 중요해지고 있다.

2019년부터는 사이버 공간을 대상으로 한 국가 간 충돌 위험에 맞서 국익 보호를 위해 사이버안보 체계를 강화하려는 움직임도 있다. 정부는 국가 사이버안보 기본 계획을 수립하여 2022년까지 범국가 정보공유체계를 구축하고 이를 활성화시키려 하고 있다. 산업 분야별로 보안 대응역량을 높이기 위해 금융뿐만 아니라 통신·행정·의료 분야까지 정보공유분석센터ISAC : Information Sharing and Analysis Center를 설립하여 부문 간 기술적·정책적 분석 기능을 강화하고 있다.

이 중 금융보안원은 금융부문 정보공유분석센터로서 범정부차원의 국가사이버위협 정보공유시스템과 연동하여 활발한 정보 공유 시스템을 기반으로 전자적 침해행위 시도에 대한 상황을 관련기관에 전파·공유하고 있다. 비단 금융당국 및 금융회사뿐만 아니라 금융보안원은 한국인터넷진흥원, 경찰청 등 유관기관 등에도 정보를 공유하여 타 업권의 추가적인 피해를 예방할 수 있는 시스템도 구축하였다.

금융보안관제센터 정보 공유 체계

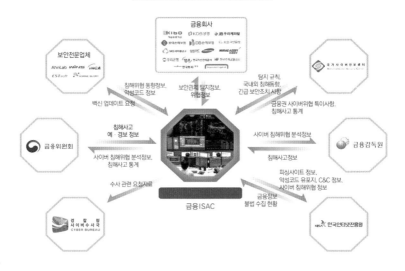

보이지 않는 적과의 소리 없는 전쟁

2020년 8월부터 은행 등 금융회사들을 대상으로 지속적으로 랜섬 디도스 공격이 발생하고 있다. 랜섬 디도스 공격이란 협박메일을 통해 금전을 요구하면서 디도스 공격을 행하는 것을 말한다. 범죄자는 최대 70기가바이트의 규모로 무차별적인 디도스 공격을 감행했고 금융회사는 금융보안원, 통신사 등과 함께 신속하게 대응함으로써 별다른 피해 없이 공격을 방어할 수 있었다.

협박 메일에서 팬시베어FancyBear, 아르마다 콜렉티브Armada Collective라고 자신들을 밝힌 범죄 조직은 약 20비트코인(비트코인 가격이 오르면서는 요구

수량이 줄었다)을 요구하며 휴일뿐만 아니라 추석 연휴에도 무차별적으로 공격을 시도하였다. 우리나라와 유사한 디도스 공격이 비슷한 시기에 전 세계 금융회사를 대상으로 발생해 수사기관에서도 국제 공조를 통해 범죄자를 찾고자 노력 중이지만 유명 해킹그룹을 사칭한 단서 외에 정확한 실체를 밝혀내지 못하고 있다.

물론, 이러한 공격은 최근의 일만은 아니다. 2015년 DD4BC_{DDos for Bitcoin}라는 해킹 그룹은 국내 은행, 증권 회사 등에 비트코인을 요구하며 디도스 공격을 감행한 적이 있었다. 그런데 2016년 1월 유로폴_{Europol}(유럽 형사 경찰 기구)은 국제 사법기관들의 공조로 DD4BC의 주범으로 보이는 인물과 또 다른 용의자를 체포하는데 성공했다.[32]

2017년에는 아르마다 콜렉티브_{Armada Collective} 해킹 그룹이 동일한 방식을 이용해 다수의 국내 금융회사를 대상으로 협박과 디도스 공격을 감행했다. 보안업체 아카마이는 마치 DD4BC가 후배에게 자리를 내준 모습이 바로 아르마다 콜렉티브라고 상세히 분석한 바 있다.[33]

이처럼 사이버 범죄자들을 체포하기 위해 노력하고 있지만 그들은 그룹으로 움직이고 특정 인물이 체포되더라도 또 다른 인물들이 새로운 공격그룹을 만들어 활동할 수가 있다. 공격에 사용되는 도구는 구하기 쉽고 사용하기도 쉬우며 서비스 형태로 진화하기 때문에 보이지 않는 사이버 상의 적

---

32   "International Action Against DD4BC Cybercriminal Group", europol.europa.eu, 2016.01.; "유럽의 경찰 기관들, 공조로 DD4BC 핵심인물 체포", 보안뉴스, 2016.01.13.

33   보안 업계에서는 아르마다 콜렉티브의 공격 수법 등으로 볼 때 2015년부터 활동을 개시했던 해킹그룹 DD4BC를 모방한 국제 해킹그룹으로 분석했다. (출처 : "국제 해킹그룹 '아르마다 콜렉티브'의 정체는?", 뉴시스, 2017.06.22.)

들은 늘 새롭게 나타나고 있다.

사이버 바이러스는 변형될 뿐 사라지지 않는다

사이버 공격을 얘기할 때 빼놓을 수 없는 것이 컴퓨터 바이러스Virus다. 인터넷을 통하여 시스템을 넘나들며 확산되는 바이러스는 컴퓨터에 있어서 치명적인 전염병과 같다. 다만, 컴퓨터 바이러스는 자연 발생적이지 않고 누군가가 악의적인 의도로 만들었다는 것이 생물학적 바이러스와는 다른 점이다.

최초의 컴퓨터 바이러스는 크리퍼Creeper 바이러스로 실험적인 자가 복제 프로그램이었다. 밥 토머스Bob Thomas가 1971년에 만든 이 프로그램은 알파넷ARPAnet[34]을 통해 이동하며 컴퓨터를 감염시켰다. 다만, 이 최초의 바이러스는 "나는 크리퍼다. 잡을 수 있으면 잡아봐"“I'm the creeper, catch me if you can!"라는 메시지를 출력할 뿐 시스템에 치명적인 영향을 미치지는 않았다. 당시 프로그래머였던 레이 톰린슨Ray Tomlinson은 바이러스와 동일한 원리를 이용하여 알파넷 상에서 퍼지면서 동시에 크리퍼를 삭제하는 리퍼Reaper라는 프로그램을 제작하여 크리퍼를 제거하였다. 이 대결은 컴퓨터 바이러스와 백신의 오랜 경쟁의 시초가 된다.

---

34   미국 국방부에서 개발한 초기 인터넷

24·365 보안 이야기
The Other Side of Innovation

인터넷의 발달과 함께 바이러스의 기능은 강화되어 왔다. 악의적인 해커들은 바이러스의 확산 능력에 주목하고 바이러스에 시스템 권한이나 정보를 탈취하는 기능이나 특정 기업에 대한 공격 기능 등을 추가한 악성코드를 개발하여 인터넷을 통해 배포한다. 그리고 범죄자들은 그렇게 부가된 공격 기능들을 악용하여 기업을 협박하고 비트코인을 뜯어내거나 탈취한 정보를 악용하여 계좌를 해킹하며 막대한 수익을 남긴다. 이에 맞서 사람들은 악성코드로부터 자신의 PC를 지키기 위한 수단으로서 컴퓨터 백신을 필요로 했고 컴퓨터 백신은 지금까지 정보화 시대의 중요한 산업으로 부각되며 바이러스 성장과 비례하여 큰 성장을 이뤄나가고 있다.

디도스 공격의 진화

분산서비스거부Distribute Denial of Service 공격인 디도스DDos는 수십 대에서 수백만 대의 PC를 원격 조종해 특정 웹사이트에 동시에 접속함으로써 단시간 내에 해당 웹사이트에 과부하를 일으켜 서버를 마비시킴으로써 정상적인 서비스를 제공하지 못하도록 방해하는 공격이다. 전통적인 디도스 공격은 서비스에 장애를 일으켜 혼란을 조성시키는 것이 목적이다. 그러나 금전을 요구하면서 이를 수용치 않으면 디도스 공격을 감행하는 랜섬 디도스 공격도 빈번하게 발생하고 있다.

2007년 6월 금융권을 대상으로 첫 디도스 공격이 발생했다. 이듬해인 2008년 3월에는 미래에셋 그룹 및 증권사 홈페이지를 대상으로 디도스 공격이 발생했다. 범죄자는 국내PC 1만 여대를 악성코드에 감염시켜 봇넷 Botnet(Robot과 Network를 합성한 신조어로 위해를 입은 여러 컴퓨터들의 집합을 의미) 을 구축하여 홈페이지를 마비시켰으며 공격을 중지하는 조건으로 2억 원을 요구하였다. 그러나 결국 2008년 7월, 공격 프로그램을 제작하고 유포한 범인[35]이 검거되었으며 그로부터 7년 뒤인 2015년에는 30대 남성인 공격 주범이 검거되었다.[36]

2009년부터는 소수의 디도스 공격자들이 단순한 과시나 금전을 목적으로 공격하는 것을 넘어 국가의 지원을 받는 조직적인 공격으로 진화하게 된다. 2009년 7.7 디도스와 2011년 3.4 디도스가 발생해 금융회사뿐만 아니라 정부, 언론, 기업 등을 대상으로 무차별적인 공격을 하였다. 범죄자는 악성코드에 감염된 10만대 이상의 좀비 PC를 이용하여 주요 웹사이트를 공격하였다. 해당 공격은 수십 개 국가의 수십 대 공격명령 서버를 기반으로 철저히 계획된 공격으로 경찰청에서는 북한 체신청이 공격의 주체라고 공식 발표하였다.

2015년 이후 디도스 공격 트렌드는 전 세계를 대상으로 국제범죄집단이 조직적이고 첨단화된 형태로 공격을 하기 시작했다. 특히, 최근 디도스 공격은 서비스 형태로As a Service 진화하면서 범죄자가 공격을 유발하는 서

---

35   "미래에셋 DDoS 공격프로그램 제작·유포자 등 검거", 아이뉴스24, 2008.07.24.

36   "2008년 미래에셋 디도스 공격 주범 7년 만에 붙잡혀", 조선일보, 2015.07.29.

버나 단말로 봇넷을 구축하는 시간과 노력이 단축되고 용이해졌다. 그렇기 때문에 이제는 다양한 조직이 끊임없이 등장하며 활발한 활동을 하고 있는 것으로 판단된다. 이러한 조직은 'DDBC, Armada Collective, Lizard Squad, New World Hackers, Stealth Ravens, Fancy Bear, CozyBear, Silence Hacking Crew' 등의 이름을 사용하는데 이러한 조직은 대부분 국가의 지원을 받는 유명 공격그룹Threat Actor이다. 그런데 실제로 그러한 국가지원 공격그룹인지, 이를 사칭하고 있는지는 확인하기가 어렵다.

유난스러운 피싱, 그리고 진화

우리는 주변에서 보이스피싱을 통해 피해를 입었다는 사례를 심심찮게 접하고 있다. 지금은 주로 사기를 통해 금전을 갈취하는 보이스피싱으로 알려져 있지만 원래 피싱의 출발은 개인정보를 빼내기 위한 것이었다. 피싱Phishing이란 금융기관이나 공공기관 등을 가장하여 전화나 이메일로 인터넷 사이트에서 중요 개인정보를 입력토록 유도하여 이 정보를 빼내가는 수법이다.

2005년 7월 국내 보안연구소에서 특정 은행과 유사한 가짜 홈페이지, 즉 피싱 사기 사이트를 국내 최초로 발견하였다. 최초 피싱 범죄자는 게임 아이템 거래용 게시판을 은행 홈페이지로 위장하였고 게시판 접속 시 해킹 프로그램이 자동으로 설치되게끔 하여 해당 프로그램을 이용해 개인정보를 탈취하였다.

2006년에는 금융ISAC 통합보안관제센터에 모 금융회사 외국지점을 사칭한 피싱 사이트가 신고 접수되어 국내 사용자의 피싱 사이트 접근을 차단한 바가 있다. 이후 피싱 사기를 목적으로 한 금융회사와 유사한 도메인이 계속해서 등장하였다. 금융당국에서도 피싱 주의보를 발령하는 등 대응을 해 왔고 경찰청에서도 특별단속 등 피해 예방을 위해 노력해 왔다.

이후 전화 금융사기는 점차 피싱 사이트와 결합하면서 보이스피싱으로 진화하였다. 피싱의 수법도 나날이 진화하면서 그 피해가 급증하자 범정부 차원의 여러 대책들이 추진되어 왔다. 보이스피싱 피해액은 급증 추세를 보이다가 2020년에는 그간 정부와 금융회사의 예방 노력, 코로나19 상황으로 인한 범인들의 활동 제약 등이 겹쳐서 감소 흐름을 보였다.

보이스피싱 피해 추이('16년~'20년)

연도별	'16	'17	'18	'19		'20 1~9월
					1~9월	
피해건수(건)	45,921	50,013	70,218	72,488	54,899	21,948 (△60%)
피해액(억원)	1,924	2,431	4,440	6,720	4,822	2,023(△58%)

자료 : 금융감독원, '20년 통계는 1~9월 집계된 잠정치

여기에서 피싱 사이트 외에 또 주목할 점은 보이스피싱에 이용되는 '가로채기 전화번호'이다. 가로채기 전화번호란 스마트폰에 악성 앱이 깔린 사용자가 금융회사나 수사기관 등의 대표 전화번호로 전화를 걸면 보이스피싱 조직에게 자동 연결되는 것을 의미한다. 소비자는 분명 제대로 된 전화

번호로 전화를 해도 범인들이 이를 낚아채는 것이다. 물론 그 이전에 소비자가 문자메시지 등에 속아 정상적인 앱인 줄 알고 스마트폰에 설치한 악성 앱이 그 작동 원인이다.

금융보안원은 자체적으로 개발한 피싱탐지시스템Phishing Analysis System을 운영하고 있다. 보이스피싱 악성 앱과 함께 보이스피싱 앱 유포 사이트를 탐지하고 있다. 2019년 전체 피싱 사이트의 75%, 2020년 전체 피싱 사이트의 92%가 보이스피싱 앱 유포지로 나타났을 만큼 범죄자의 보이스피싱 범죄는 끊임없이 진화하고 있다.

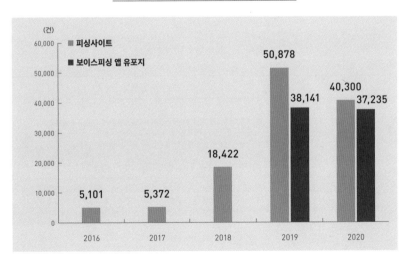

피싱 사이트·보이스피싱 앱 유포지 탐지 건수

언제 터질지 모르는 뇌관, 공급망 공격(Supply Chain Attack)

<2020 국가정보보호백서>에 따르면 금융서비스 정보보호는 인프라 구축 시기, 고도화 시기, 자율보안체계 정착 시기 등 총 3단계의 시기로 구분된다. 이 중 고도화 시기인 2011년부터 2014년 사이에는 H사의 고객정보 유출사고, N사 전산망 마비, 3.20 사이버 테러, 신용카드사 고객정보 유출 사고 등 대규모 금융보안 사고가 연이어 발생한 시기이다. 이러한 일련의 사건이 발생하면서 금융회사의 위기 대응능력과 전자금융기반시설 보안이 더욱 강화되었고, 외부 인터넷망과 내부 업무망을 분리하게 되면서 금융 보안이 대폭 강화되었다.[37]

금융서비스 정보보호 단계별 특성

구 분	주요 특징
인프라 구축 시기 (2000~2010년)	인터넷뱅킹 서비스 개시를 계기로 전자금융사고 예방을 위한 정책 및 기술분야의 보안 인프라를 정부 주도로 구축하여 금융보안의 기반을 확립한 시기
고도화 시기 (2011~2014년 상반기)	2011년 금융회사 IT정보보안 강화 종합대책을 발표하여 CISO 지정 의무화 등 금융회사의 주의·감독 의무를 강화하고 3.20사이버테러를 계기로 금융전산 망분리 및 FDS 구축 등 금융회사의 보안관리체계 강화에 중점
자율보안체계 정착 시기 (2014년 하반기 이후)	핀테크 산업 활성화 등을 계기로 금융보안의 패러다임이 자율보안체계로 전환되고 기존 업권별로 분리 수행되던 금융보안 기능을 통합하여 2015년 4월 설립된 금융보안원이 금융보안전문기관으로서 역할을 수행

자료 : <2020 정보보호백서>

---

37 2012년 8월 정보통신망법 개정으로 100만명 이상 이용자의 개인정보를 보유했거나 정보통신서비스 매출액이 100억원 이상인 정보통신서비스 사업자는 '망분리'를 도입하는 것으로 의무화되었다. 금융부문에서는 2013년 12월 망분리 규제가 도입되었다.

자율보안체계가 정착되고 금융보안원이 금융보안전문기관으로서의 역할을 수행한 이래로 대규모 정보보호 사고는 발생하지 않았다. 이는 무엇보다 금융보안원과 금융회사들이 금융보안 첨병으로서 대규모 공격을 예방하기 위해 노력한 때문이지 않을까. 라이플RIFLE 캠페인이 바로 대표적인 사례다. 금융보안원은 2014년부터 대기업 자료 유출, 국방망 등을 침해한 안다리엘Andariel 그룹의 공급망 공격Supply Chain Attack 시도에 맞서 초기 단계에서 이를 무력화시킨 바가 있다.

공급망 공격이란 해커가 좀비 PC를 만들기 위해 사용하는 공격 방식 중 하나로 소프트웨어를 배포하고 업데이트 하는 중앙 서버를 해킹해 악성코드가 포함된 소프트웨어를 사용자에게 배포하는 방식이다. 사용자의 PC를 직접적으로 감염시키지 않고 중간 소프트웨어 공급자의 서버를 통해 감염이 이루어지기 때문에 이러한 과정이 쉽게 탐지되지도 않고 대규모 배포가 가능하기 때문에 공격자들이 선호하는 공격 방식이다.

공급망 공격 과정

① 해킹

② 백신 업데이트

③ 악성코드 전파

<OO백신 업체>   <백신 서버>   다운완료!

2016년 2월부터 수개월 간 국내 유명 솔루션들이 이 공격에 이용되었는데 공격들의 연관성이 발견되자 금융보안원은 인텔리전스 보고서를 발표하면서 이를 라이플 캠페인이라고 명명하였다. 또한 관련 공격그룹을 북한 정찰총국 소속의 해커 집단인 라자루스Lazarus 그룹의 하위조직으로 분석하고 해당 해킹 집단을 안다리엘Andariel 그룹으로 명명하였다. 그리고 2019년 안다리엘 그룹의 위협 행동이 관찰되었으나 인증서 폐기 등 신속한 대응으로 초기 단계에서부터 공격을 무력화시킬 수 있었다.

국가정보원은 안다리엘 그룹의 공급망 공격 시도와 관련하여 우리나라 국민 대부분이 사용하는 보안소프트웨어 제작업체의 내부 전산망을 침투, 장악한 것을 확인하고 긴급 보안조치 결과를 발표하였다. 또한 경찰은 '유령 쥐Ghost RAT : Remote Access Trojan'라는 이름으로 알려진 악성코드를 이용하여 기업 PC 관리시스템 취약점을 해킹하고 전산망 마비 공격을 준비해온 사실을 확인하기도 하였다.

금융보안원 인텔리전스 보고서 <라이플 캠페인(CAMPAIGN RIFLE)>

위협 그룹	라자루스	블루노로프	안다리엘
공격대상	국내정부, 금융, 방송 등	글로벌 및 국내 금융회사	국내 금융회사 국내 중소 IT기업 및 대기업 국방부, 방위산업체
목적	사회혼란	경제적 이익 (SWIFT, 비트코인 등)	기밀정보 탈취 및 경제적 이익
주요 활동시기	~최근	2015~	2014~

주요사고	- 7.7 3.4 DDoS 공격
	- 3.20 사이버테러
	- 미국 소니 픽처스 엔터테인먼트
	- I사 개인정보 유출
	- WannaCry 랜섬웨어
		- 방글라데시 중앙은행
		  SWIFT 부정거래
		- 폴란드 금융감독원 홈페이지
		  침해 및 워터링홀 공격
		- 금융회사 망분리 환경 공격
			- 대기업 자료유출
			- 국방망 침해
			- VAN사 ATM 악성코드 감염
			- 금융회사 노조 악성코드 유포

2020년 7월에는 국내 금융 관련 솔루션을 대상으로 한 공급망 공격이 시도되어 긴급 패치를 진행하였는데 2020년 11월 미국의 보안업체 ESET에서 해당 사건을 보도하기도 하였다.[38] 또한 2020년 12월부터 미국을 중심으로 큰 파장이 일고 있는 미국 솔라윈즈 제품 해킹 사고는 파이어아이와 같은 유명 사이버 보안회사와 마이크로소프트 등 대기업뿐만 아니라 미 정부 기관도 피해를 입을 만큼 매우 정교한 공급망 공격이 가해진 것으로 알려지고 있다. 미국 FBI, CISA 등 수사기관은 러시아 해커를 배후로 의심하고 있는 상황이다.[39]

---

38   ESET, "Lazarus supply-chain attack in South Korea", WeLiveSecurity, 2020.11.

39   "미 정부 "솔라윈즈 전원 뽑아라"...긴급 보안지침 발령", 전자신문, 2020.12.14.; "대규모 해킹에 발칵 뒤집힌 美...역대 최악의 공급망 공격", 디지털데일리, 2020.12.18. 등

에니그마 해독과 깨진 유리창 이론

제2차 세계대전은 정보 전쟁으로도 불린다. 독일군이 절대 해독되지 않을 것이라고 판단했던 '난공불락'의 암호기계 에니그마Enigma의 허점을 결국 영국 암호학자들이 찾아내 암호를 해독함으로써 독일군의 작전이 노출됐다. 이는 연합군이 전쟁에서 승리하는 데 결정적 영향을 끼쳤다. 국가 간 정보 전쟁은 현대에도 계속되고 있으며 기업에서조차 경쟁사에 우위를 차지하기 위해 정보수집에 치열한 노력을 기울이고 있다.

사소한 부주의나 소홀한 관심이 크나큰 사고로 이어지는 경우를 일컫는 '깨진 유리창 이론Broken window theory'이 있다. 어떤 건물의 쇼윈도에 누군가 돌을 던져 유리창이 깨졌을 때 이를 방치하면 사람들은 그 건물 주인이 건물 상태에 애착을 갖지 않는 것으로 생각해 너도나도 돌을 던짐으로써 건물의 모든 유리창이 깨진다는 것이다. 보안 분야에서도 사소한 허점이라도 방치하거나 주의를 기울이지 않게 되면 큰 사고로 이어질 수 있음을 명심해야겠다.

중세 로마인 비잔티움제국이 1,123년 만에 오스만튀르크 제국에 의해 무너진 것도 '문을 잠그는 것'을 잊어버린 사소한 부주의가 도화선이 됐다. 비잔티움의 수도 콘스탄티노폴리스에는 '테오도시우스 성벽'이라는 강력한 방벽이 있었다. 튀르크군은 포탄한 발이 600㎏이나 되는 강력한 '우르반Urban 대포'라는 비밀 병기까지 앞세웠으나 성벽은 무너지지 않았다. 그러나 격전 끝에 돌아온 병사가 평소에 보행자들이 통행하는 '케르카포르타'라는 작은 문을 잠그는 것을 잊어버렸고 그곳을 통해 튀르크군이 손쉽게 성안으로 들어갈 수 있었다. 결국 강고한 성벽을 무너뜨린 것은 우르반 대포와 같은 공격자가 아니라 출입문을 잠그지 않은 병사의 작은 '방심과 부주의'였던 것이다.

우리는 지금 모든 분야에서 일어나는 4차 산업혁명과 신기술의 발전을 보고 있다. 그러나 모든 일에는 명암이 있듯이 기술 혁신의 이면에는 동시에 새로운 보안 위협이 등장해 진화를 거듭하고 있다. 현대의 보안은 이제 더 이상 '눈에 보이는' 적군이나 국가와의 싸움이 아니다. 더구나 그 공격 대상도 소수 국방·첩보 분야 관계자들뿐만 아니라 일반 개인이나 공공·민간 기업 등으로 광범위하고 무차별하다. 각종 금융시스템은 물론 개인용 컴퓨터와 스마트폰마저도 보안 위협에서 자유롭지 못하다. 사물인터넷IoT이 확산되면서 네트워크로 연결되는 모든 전자기기가 해킹의 통로가 되고 있으며 모두가 깨닫든 깨닫지 못하든 보이지 않는 적을 상대로 국경도 없고 영역도 구분이 없는 전방위적 전쟁을 일상적으로 치르고 있는 셈이다. 암호해독이 불가능할 것이라고 생각했던 방심이 전쟁의 승패를 좌우할 만큼 결정적 실수였던 점을 상기해보자. '나야 괜찮겠지'하는 안이한 마음으로 이상한 이메일을 무심코 클릭하는 순간 보이지 않는 적은 성 안으로 들어와 모든 것을 앗아갈 수가 있다.

(2019.4.1. 서울경제 로터리 칼럼, 부분 수정)

코로나19 극복과 사이버 위기 대응

코로나19로 위생수칙을 지키고 사회적 거리 두기를 실천한다. 초연결 개방 사회가 오는가 싶더니 하늘길이 막히고 사람 간 접촉이 줄어들면서 현실 세상은 오히려 은둔과 폐쇄 사회로 퇴보하는 듯하다.

마이크로소프트MS 창업자 빌 게이츠는 2015년 한 연설에서 1천만 명 이상이 죽는 것은 전쟁이 아니라 전염성 강한 바이러스일 것이라 경고했다. 5년이 흘러 그 말은 현실이 됐다. 코로나19의 성격과 전파 과정을 보면 사이버 공격과 너무나 유사하다.

신종 코로나 바이러스는 육안 확인이 불가능하다. 기하급수로 순식간 전 세계에 확산, 누구나 감염 위험에 노출된다. 변이성 측면에서도 바이러스가 계속 진화한다. 컴퓨터 등 디지털 기기로 침투하는 사이버 위협도 마찬가지다. 적을 눈으로 확인할 수 없고, 공격 대상 또한 무차별이다. 침투 경로는 기하급수로 증가하는 단말기 숫자에 비례해 늘며, 공격 방법과 유형도 하루가 다르게 진화한다.

바이러스가 눈으로 볼 수 없는 곳에서 발생하고 전파돼 현실 세계에 파문을 일으키듯 보안 사고도 보이지 않는 사이버 공간에서 발생해 현실 세계에 막대한 영향을 미친다. 2017년 150개 이상 국가를 대상으로 발생한 워너크라이는 약 40억 달러어치의 경제 손실이 발생한 것으로 추산된다. 미국 연방수사국FBI은 2015~2019년 미국 사이버 범죄로 인한 피해액이 102억 달러에 이른다고 밝혔다.

국내 코로나19 대응이 세계 모범 사례로 평가되었던 것은 다양한 요소가 복합 작동한 결과다. 정부는 위기 대응 리더십을 발휘하면서 검사를 적극 실시하고 확진자 동선 확인을 통해 감염 확산을 차단했다. 방역에 필요한 정보도 투명하고 신속하게 공유했다. 선진화한 의료 체계, 발전된 온라인 환경, 물류 체계와 함께 개인위생수칙을 지키고 생필품 사재기를 하지 않으며 불편을 감수하는 성숙한 시민 의식이 가장 중요한 위기극복 요소임은 확진자 추이에서도 여실히 드러나고 있다. 중증급성호흡기증후군 SARS(사스), 중동호흡기증후군MERS(메르스) 등 질병을 겪으면서 쌓은 경험과 노하우, 감염병 재난 상황에 대비한 표준 매뉴얼 마련, 평소 대비 훈련을 기초로 한 질병관리본부 등 전문가와 의료진의 준비와 헌신의 고마움은 두말 할 필요도 없다.

사이버 위기 대응도 이와 같다. 기업 최고 의사결정 기구인 이사회와 경영진은 다음 사항에 유의해야 한다. 첫째, 전사적인 리스크 관리 관점에서 사이버 위기 가능성과 위기 발생 시 예상되는 피해 종류 및 규모를 분석해야 한다. 보안 취약점을 찾아 제거하는 조치 기술만으로는 부족하다. 둘째, 예상되는 피해를 최소화할 수 있도록 위기대응 계획을 마련하고, 진화하는 사이버 공격 시나리오를 가정한 훈련을 통해 꾸준히 검증하고 개선해야 한다. 셋째, 전사적인 내부통제 시스템 구축과 올바른 사이버 보안 문화를 형성하기 위해 노력해야 한다.

정보보호 전문 부서의 의견을 중시하고, 전문가가 제 역할을 다할 수 있도록 적절한 권한을 부여하는 한편 위상을 강화하는 것도 중요하다. 2019년 금융보안원이 금융권의 사이버 보안 실태를 조사한 결과 143개 금융회사 가운데 26%는 1년 동안 정보보호 관련 안건을 이사회에서 논의한 적이 없었으며, 57%는 이사회 보고 건수가 3건이내였다. 여전히 많은 이사회와 경영진이 사이버 보안을 정보보호 부서에 국한되는 이슈로 생각하고 있는 것으로 나타났다.

코로나19 감염을 막기 위해 체계화된 의료시스템은 물론 정부의 리더십, 전문가의 헌신, 온 국민이 한마음으로 노력하듯이 사이버 위협 피해를 막기 위해서는 적절한 내부통제 시스템과 아울러 이사회와 경영진의 관심·노력이 함께 하고 모든 조직 구성원이 사이버 보안 수칙을 준수하는 문화가 어우러져야 한다.

(2020.4.6. 전자신문 보안칼럼, 부분 수정)

PART 5

기회의 시대

09

데이터 경제와 금융

데이터를 왜 21세기의 원유라고 할까?

2020년 7월 14일 정부는 한국판 뉴딜 정책을 발표하였다. 그 중 디지털 뉴딜 추진전략에는 이른바 디지털Digital, 네트워크Network, 인공지능AI의 DNA 생태계를 강화하는 내용이 포함되어 있다. 이는 국민 생활과 밀접한 분야의 데이터를 구축하고 활용하며, 5G(5세대 이동통신)와 인공지능 기술 기반의 지능형 정부를 만들면서 이를 또한 산업발전 전략으로 추진하는 내용이다.

데이터는 4차 산업혁명시대에 잠재력의 빗장을 푸는 열쇠로서 인공지능, 정밀 의학, 로보틱스, 사물인터넷 등의 필수적 원료이다. 또한 국가 경쟁력의 가장 중요한 원천이기도 하다. 데이터를 어떻게 사용할 것인지, 어떻게 안전하게 보호할 것인지에 따라 궁극적으로 4차 산업혁명이 성공할 것인지 실패할 것인지를 결정하게 될 것이다. 인공지능 기술도 결국 데이터가 확보되어야 발전할 수 있듯이 모든 산업에서 데이터는 가장 기본적인 재료인 것이다.

세계 각국은 데이터 전쟁 중이다

세계 각국은 빅데이터와 인공지능 산업을 육성하기 위해 거의 전쟁 수준의 경쟁을 벌이고 있다. 데이터를 지배하는 자가 세계를 지배하는 세상이 된다고 하였다.[40] 미국의 경우 「Data Act of 2014」를 통해 재정 데이터의 투명성을 높이고 2019년에 공개정부데이터법Open Government Data Act을 제정하여 공공 데이터의 기계 판독성을 강조하는 등 데이터 공개 정책을 시행하고 있다. 또한 인공지능 기술에 대한 글로벌 주도권을 확보하기 위해 의회 및 백악관 차원의 각종 입법과 행정명령, 그리고 규제 원칙을 속속 발표하고 있다.

유럽연합의 경우에도 개인정보보호 규정GDPR을 제정하여 데이터의 활용과 정보보호를 동시에 촉진시킴은 물론, 디지털 시대 인공지능 전략(2020년 2월, EU 집행위원회) 및 인공지능 윤리 가이드라인(2019년 4월, EU 집행위원회)과 인공지능에 대한 책임 보고서(2019년 11월, EU 집행위원회)를 발표하여

---

40   2019년 <Innovation in China>의 저자 리즈후이의 말이다.

인공지능 활용을 도모하고 있다.

중국의 경우에도 빅데이터를 신산업 성장동력으로 규정하여 2017년에 빅데이터 산업 발전계획을 발표하였고, 2017년 1월에 이미 인공지능 발전을 위한 중점 사업과 지원 방안을 제시한 차세대 인공지능 발전계획을 발표하였다. 2020년 7월에는 데이터의 안전한 활용을 관리 감독하면서도 촉진하기 위한 데이터보안법을 마련하였다.

이러한 움직임으로 볼 때 우리나라의 빅데이터와 인공지능 산업 육성 전략은 다른 선진국에 비해 늦었다고 볼 수 있다. 데이터와 인공지능은 디지털 패권 전쟁의 양대 축이다.

그런데 대부분의 국가에서는 데이터 현지화Localization 정책을 고집하고 있다. 데이터 현지화는 데이터를 저장하는 서버나 기타 저장장치 등 전산 설비를 자국의 영토 내에 두도록 강제하는 것이다. 우리나라의 경우에도 금융 서비스 분야에서 고유식별정보 또는 개인신용정보를 클라우드 컴퓨팅 서비스를 통하여 처리하는 경우에는 해당 정보처리시스템을 국내에 설치하여야 한다. 이처럼 국가 간 데이터를 둘러싼 정책이나 제도 형성은 결국 국가 생존 차원의 전쟁이나 다름없다. 데이터는 사이버라는 탈지리적 공간에서 움직이고 훨씬 더 유동적이고 복합적인 공간을 배경으로 작동되고 유통된다. 결국 데이터 이슈는 경제, 사회, 기술과 산업 이슈를 넘어 국가 안보 차원에서 봐야 하고, 자국민의 프라이버시 보호 문제와도 결부되는 문제라는 것이다.

미국과 중국 간의 무역 분쟁은 기본적으로 기술 전쟁의 성격을 내포하고 있다. 중국의 빅데이터와 급격히 발전하는 기술 수준은 미국 주도의 세계 경제질서를 위협하고 있다. 2021년 1월 6일 월스트리트저널 보도에 따르면, 미국의 국무부와 국방부는 중국 기업인 알리바바와 텐센트를 블랙리스트 기업에 포함시키는 방안을 추진 중이라고 한다. 미국 정부는 중국의 군사, 보안 서비스와 관련된 기업들을 블랙리스트에 등재하고 투자를 금지하고 있는데 알리바바와 텐센트를 이러한 방식으로 미국 증권시장에서 퇴출시키려고 시도하고 있다는 것이다. 바로 전날인 1월 5일에 트럼프 대통령은 중국 알리바바 산하의 앤트 그룹이 운영하는 알리페이 등 중국 8개 앱을 미국 내에서 사용되지 못하도록 금지하는 행정명령을 발동하였다. 미중 간의 경제적 분쟁이 안보 이슈와도 연결되어 신냉전 시대를 맞이하는 게 아닌가 하는 우려가 있지만, 그 이면에는 혁신 기술 발전을 둘러싼 데이터 전쟁이 그 밑바탕에 있고, 세계질서의 패권 전쟁이 치열하게 전개되고 있는 것이다.

한편 국제기구들은 이러한 데이터 국수주의가 인류 발전에 크나큰 저해가 되고 있다며 데이터의 국제적 공유 및 활용 필요성을 제안하고 있다. 예를 들어 국제통화기금IMF은 데이터가 국경 안에 가두어져 인류 발전을 위해 제대로 활용되지 못하고 있음을 지적하면서 국가 차원을 넘는 국가 간 데이터 공유 시스템을 구축함으로써 이러한 제약을 극복해야 한다는 것을 주창하고 있다. 국가 단위의 데이터 장벽을 해결하기 위해 보안이나 데이터 무결성 등을 보장할 수 있는 블록체인이나 분산원장기술을 사용하는 등의 방법으로 연합 데이터 공유시스템Federated data system을 구축하고 각 국가의 데이터를 함께 활용하여 인류 공통의 숙제인 희귀질환 치료, 식량문제 해결, 국제적 신뢰 구축 등을 제안하고 있다.[41] 데이터는 한 국가 차원에서 생존의 요소이기도 하지만 인류 전체의 문제를 해결할 수 있는 자원이기도 하다. 따라서 국가 간 데이터 패권 전쟁이 진행되면서도, 한편에서는 인류 공통과제를 해결하기 위해 데이터를 국제적으로 공유하고 활용하기 위한 국가 간 협력과 논의 또한 가속화될 것으로 보인다.

생산요소로서의 데이터

전통 경제학에서는 토지, 노동, 자본을 생산 요소로 본다. 그런데 21세기 새로운 자원이라고 하는 데이터는 전통적인 생산 요소와는 몇 가지 측면에서 다른 특성을 가지고 있다.

첫째, 수요와 공급이 불분명하다. 전통적 경제에서는 개인이나 가계는 소비의 주체이고 기업은 생산의 주체이다. 그러나 데이터는 각 경제 주체들이 모두 데이터 생산자이자 동시에 데이터 소비자이다. 또한 수요와 공급에 의해 가격이 결정되는 전통적 시장이론과 달리 데이터 가격은 수요와 공급

---

41 전세계적으로 4억 명이 희귀질환을 앓고 있고 지금까지 확인된 희귀질환도 7천 개에 이르고 있으나 이에 대한 데이터가 국가 간 공유가 되지 않고 있어 이를 극복하기 위한 연구가 이루어지지 못하고 있다. 또한 현재의 농업 관행이 지속될 경우 2025년까지 전 세계 토지의 95%가 파괴되며 20억 명이 식량 문제에 봉착되는데 4차 산업혁명 기술을 활용하여 식물성 육류 전환 및 환경 문제를 해결할 수 있음을 주장하였다.(출처 : Murat Sonmez, <Shaping a Data Economy>, IMF, 2020.12.)

에 의한 협의 가격으로 결정되기도 하지만, 데이터 공급자 즉 판매자가 데이터를 가공하고 관리하는 비용을 기준으로 가격이 결정되기도 하며, 데이터 수요자 즉 구매자가 얼마만한 부가가치를 창출할 것인지를 기준으로 데이터 가격을 지불하기도 한다.

둘째, 데이터는 그 하나로는 별 가치가 없으나 모여질 경우 가치가 만들어지는 특징을 갖는다. 즉 다른 데이터와 통합되고 분석됨으로써 그 가치가 크게 증가하는 것이 특징이다.

셋째, 데이터는 고갈되어 사라지지 않는다. 많은 사람이 데이터를 사용하더라도 그 양Quantity과 가치는 변하지 않는다. 오히려 많이 사용할수록 가치가 증가하는 경향이 있다.

마지막으로, 수많은 사람들이 동시에 사용이 가능한 비경합성Non-rival 또한 기존의 생산 요소와는 다른 점이라 할 수 있다.

생산요소로서의 데이터 특성

| 수요와 공급의
불분명 | 데이터의
가치 체증 | 비고갈성
(Non-deplatable) | 비경합성
(Non-rival) |

그런데 특정 산유국에만 원유가 생산되는 것과 달리 데이터는 어디에나 흔하게 존재한다. "Data is ubiquitous~!" 디지털 시대는 모든 디지털 기기들과 사람들이 활발하게 데이터를 공유하고 실시간으로 데이터의 흔적을

남기는 시대이다. 우리가 지금 이 순간에 사용하는 스마트폰의 흔적이나 신용카드로 결제하는 것, 그리고 대중 교통수단이나 자동차로 이동하는 경로 등 생활하고 움직이는 모든 행위들이 우리도 의식하지 못하는 사이에 데이터로 쌓이고 있다. 2020년 9월 기준으로 매 초마다 쌓이는 데이터 양을 보면, 인터넷 트래픽은 약 10만 기가바이트, 이메일 전송은 약 295만 건, 트위터 전송은 9천 건, 유튜브 시청은 8만6천 건에 이른다. 최대 검색 엔진인 구글의 초 당 검색량은 약 8만6천 건으로 조회 당 데이터를 책으로 만들 경우 200쪽 분량의 책을 1초마다 약 10억 권 이상 생산하고 있는 것과 같다. 실로 가늠하기도 어려운 엄청난 데이터가 이 순간에도 생산되고 쌓이고 있는 것이다.

초 당 데이터 생산량[42]

이메일 발송 건수	295만 건
구글 검색 수	8만6천 건
유튜브 동영상 시청 건수	8만6천 건
트위터 발송 건수	9천 건
인터넷 트래픽	10만 GByte

1 GByte(기가바이트) = 677,963 페이지 분량

---

42   UN Department of Economic and Social Affairs, <Data Economy : Radical transformation or dystopia?>, Frontier Technology Quarterly, 2019.1. (계수는 2020년 9월 기준으로 재작성)

바야흐로 데이터 경제(Data Economy) 시대

데이터 경제Data Economy라는 개념은 2011년 미국의 IT 분야 리서치 기업인 가트너Gartner가 발행한 보고서에서 처음으로 등장했고,[43] 유럽연합 집행위원회에서 2014년부터 경제 성장과 일자리 창출 동력으로 데이터 경제 개념이 소개되면서 크게 조명되기 시작했다. 다보스 세계경제포럼에서도 2020년 경제 키워드로 빅데이터와 인공지능을 선정한 바 있고, 유엔에서도 데이터 경제가 인공지능의 급속한 발전을 이끌 것으로 전망하는 등 모든 리서치 기관이나 국제 기구 등에서는 데이터가 향후 산업 발전을 견인할 것이라고 전망하고 있다.

일반적으로 데이터를 생산하고 생산된 데이터를 정제하고 가공하여 유통시키면 기업, 정부, 공공기관 등이 이를 활용하고, 소비자들이 데이터를 기반으로 한 혁신 서비스를 이용하게 되는 과정이 데이터 가치를 창출하는 체계다. 데이터 경제란 데이터 활용이 다른 산업 발전의 촉매 역할을 하고 이를 통해 새로운 제품과 서비스를 창출하는 경제를 말한다. 과거에도 데이터는 주목을 받았다. 그러나 4차 산업혁명 신기술, 특히 인공지능과 자동화 기술이 고도화되고 컴퓨터 성능이 획기적으로 개선되어 빅데이터 분석이 가능해지면서 데이터 경제는 더욱 가속화되고 있다.

---

43   David Newman, <How to Plan, Participate and Prosper in the Data Economy>, Gartner Research, 2011.03.29.

가치사슬로서의 데이터 시장 : 데이터 원천에서 경제적 영향까지

개인 데이터
빅데이터
사물인터넷 등

데이터 수집 → 저장 및 이동 → 분석 (인사이트 창출) → 결과물 보고 → 경제적 영향

글로벌 거대 기술 기업은 모두 데이터 기업이다

과거 대표적인 글로벌 기업들은 세계 시장을 대상으로 한 제조업 기반의 기업들이었다. 포브스 500대 글로벌 기업 순위를 봐도 20년 전에는 제너럴 모터스, 월마트, 엑손모빌, 포드, 제너럴 일렉트릭, 마쓰이, 미쓰비시 도요타와 같은 기업들이 상위권에 포진해 있었다. 그러나 현재 미국 자본시장의 시가총액을 보면 거대 기술 기업이 시장을 주도하고 있다. 흔히 GAFA-M이라고 하는 구글, 아마존, 페이스북, 애플 및 마이크로소프트 등 5개사의 시장가치는 작년 이후 크게 증가하여 7조 달러를 넘어서고 있다. 이는 우리나라 국민총생산(1.6조 달러)의 거의 5배에 이르는 규모이다. 미국의 거대 기술 기업 25개사는 모두 데이터 기업이며 이들의 가치는 미국 자본시장 시가총액의 25%를 차지하고 있다.

더구나 이러한 데이터 기술 기업에 대한 시장 평가는 일반 기업과 비교하여 극명하게 차이를 보이고 있다. 이들 기술 기업의 이익 대비 주가의 비율을 나타내는 주가수익비율PER : Price Earning Ratio을 보면 약 30배에서 80배 수준으로 전통적인 우량기업들의 20배 내외를 크게 초과하고 있다. 재무제표 상 순자산 가치 대비 주가의 비율인 주가순자산비율PBR : Price Book Value Ratio 또한 데이터 기술 기업의 경우 작게는 5배 내외에서 크게는 30배에 이르고 있어서, 전통적 우량기업의 1배 내지 6배 수준을 크게 초과하고 있다. 그만큼 현재의 수익에 비해 향후의 기업 가치를 시장이 높게 평가하고 있으며 이들이 보유하고 수집하고 활용하는 데이터의 활용가치에 시장은 주목하고 있는 것이다. 그러다보니 시장 가치도 가히 천문학적이다. 기술기업들의 고용 창출 또한 크게 성장하고 있어 산업 구조 자체의 흐름이 바뀌고 있음을 알 수 있다.

미국 GAFA-M과 전통적 우량기업에 대한 평가 비교

	종업원 수(명)	총매출액(백만달러)	시가총액(백만달러)	PER(%)	PBR(%)
구글(알파벳A)	118,899	161,402	1,169,030	27.24	4.58
아마존닷컴	798,000	280,522	1,598,890	80.37	14.83
페이스북	44,942	70,697	766,020	31.93	5.79
애플	147,000	274,515	2,200,200	35.05	29.87
마이크로소프트	163,000	143,015	1,645,850	35.31	13.02
엑손	74,900	255,995	175,472	20.78	1.54
존슨앤존슨	132,200	82,113	411,992	25.88	6.45
프록터앤갬블	99,000	70,950	341,740	24.10	6.50
로얄더치쉘	83,000	341,440	73,570	14.94	1.24
월마트	2,200,000	523,964	414,576	22.07	4.34

2019회계연도 기준, 시가총액은 2020년 말 기준

이러한 현상은 우리나라의 경우에도 예외가 아니다. 우리나라 전통의 우량 기업이라고 할 수 있는 삼성전자의 주가수익비율PER이 2020년 추정 기준 약 21배, 현대자동차의 주가 수익비율이 32배인데 반해, 플랫폼 데이터 기술 기업인 네이버와 카카오의 주가수익비율은 각각 57배, 76배에 이르고 있다. 주가순자산비율 또한 네이버와 카카오는 각각 6.37배, 5.72배 수준인 데 반해 삼성전자는 2.09배, 현대자동차는 0.77배 수준이다. 결국 데이터 를 기반으로 한 플랫폼 기업들에 대한 미래 전망을 전통적인 제조 우량기업 에 비해 크게 높게 평가하고 있음을 알 수 있다.

네이버, 카카오와 전통 우량기업 비교

	종업원 수(명)	총매출액(억원)	시가총액(억원)	PER(%)	PBR(%)
네이버	3,857	56,743	480,470	57.38	6.37
카카오	2,746	41,278	347,556	76.50	5.72
삼성전자	108,682	2,365,058	5,008,648	20.97	2.09
현대자동차	70,593	1,041,108	447,635	32.08	0.77

종업원 수는 2020.9월 기준, 매출액, PER, PBR은 2020년 추정, 시가총액은 2021.1.5.기준

빅테크 기업의 금융시장 공습과 금산분리 규제

빅테크의 성장 과정을 보면 설립 초기에는 온라인 검색이나 전자상거래, 사 회관계망서비스SNS, 휴대폰이나 컴퓨터 운영체제OS 등 주로 정보통신기술

기업으로 시작하였다. 그런데 이들 기업의 공통점 중 하나는 영위하는 사업이 플랫폼을 기반으로 데이터를 기하급수적으로 축적하기 시작했다는 점이다. 그리고 이를 바탕으로 전통적인 강점을 지닌 분야에서 점차 금융업으로 확장하고 있다는 사실이다. 미국의 빅테크 기업들은 대부분 지급결제 분야를 시작으로 대출, 자산관리, 보험, 카드 등의 금융업을 영위하고 있으며 점차 이를 확장하고 있다. 페이스북의 경우 블록체인 기반의 가상화폐인 디엠(구 리브라) 발행 사업을 적극적으로 전개하고 있는 등 이들의 향후 확장 분야 및 시장 영향력은 상상하는 그 이상이 될 것이다.

GAFA-M의 강점 및 금융업 확장

	강점 분야	금융업 확장 분야
Google	온라인 검색, 온라인 지도, 비디오 공유(유튜브), AI 스피커(구글홈)	Google Pay
Amazon	E-Commerce, Cloud(AWS)(MS 33%) AI 스피커(에코)	Amazon Pay, Amazon Lending (w/Goldman Sachs) Amazon Protect(보험)
Facebook	SNS, 온라인 메시징, 이미지 공유(인스타그램)	Diem (구 Libra)
Apple	휴대폰, i-OS	Apple Pay, Apple Card, (w/Goldman Sachs, Master card)
Microsoft	OS(Window), Cloud(Edger), 비디오 게임	MS Pay

이러한 현상은 국내도 예외가 아니다. 이미 카카오는 카카오뱅크를 2017년에 출범시켜 모바일 전문은행으로 흑자 전환에 성공하였고, 고객 수 또한 젊은 직장인들을 위주로 1,300만 명을 초과했다. 은행법 상 은행인 카

카오뱅크와는 별도로 카카오는 지급결제수단인 카카오페이를 출범시켜 그 업무 영역을 금융으로 확장해 가고 있다. 고객 수 3,500만명을 넘었고 연간 거래액 100조원을 목표로 하고 있다. 이를 바탕으로 2020년 상반기에는 카카오페이증권을 출범하였으며, 마이데이터 사업을 준비하고 있다. 2021년에는 디지털 손해보험사도 출범할 계획이다. 기업공개를 준비하고 있는 카카오페이의 기업가치는 7조원에서 10조원 사이로 평가되고 있다.

네이버 또한 네이버페이를 운영하는 네이버파이낸셜을 분사시키고, 미래에셋그룹과 전략적 파트너로 생활금융 플랫폼을 강화하고 있다. 네이버의 스마트스토어 사업자를 대상으로 사업자 대출을 출시하였으며, 네이버가 보유한 데이터를 활용하여 기존에 금융이력이 부족하여 신용평가를 제대로 받지 못하는 씬 파일러Thin filer라고 하는 거래자들을 위한 대안신용평가 시스템을 운영하고 있다. 또한 미래에셋증권과 함께 종합자산관리계좌CMA 통장을 출시함으로써 시장을 크게 들썩이게 하였다. 이렇듯 빅테크의 금융업 영위는 점차 그 영역을 확장해 나갈 것이고 전통 금융회사들의 시장을 위협할 것이다.

이러한 빅테크 기업의 금융업 영위는 데이터 활용과 관련하여 이미 '기울어진 운동장' 논란을 불러 일으켰다. 그런데 또 하나의 이슈가 있다. 바로 금융자본과 산업자본 간의 분리 규제와 관련하여 생각해 봐야 할 부분이 있다. 금융자본과 산업자본 간에는 상호 간에 리스크 전염을 차단하고 금융의 사금고화私金庫化를 방지하기 위해 일정한 규제가 있다. 즉 산업자본의 은행 소유를 금지하기 위하여 산업자본은 은행 지분의 4% 이상을 취득할 수 없다.(의결권 없는 주식까지 포함할 경우에는 최대 10%) 또한 「금융산업 구조개선에 관한 법률」에 따라 금융자본은 금융업과 무관한 회사를 소유할 수 없도록 하고 있다. 아울러 「금융회사 지배구조에 관한 법률」에 따라 금융회사의 대주주는 형사벌이나 금융관계법령 위반으로 처벌을 받았거나 과거 징계처분을 받은 경우 등은 그 자격을 제한하고 있는 등 금융업을 영위하고자 하는 자들에 대하여는 여러 가지 진입 장벽이 존재하는 것이 엄연한 현실이다.

그런데 빅테크 기업들은 금융회사를 소유하는 형태가 아니어도 실질적으로 금융업을 영위하고 있다. 법에서 정한 소유 규제나 대주주 자격 요건 같은 것을 피하면서도 얼마든지 금융업을 직간접적으로 영위할 수 있다. 더구나 플랫폼 시장에서의 독점적 또는 과점적 지위를 바탕으로 금융업의 필수 요소인 네트워크 효과를 누리고 있다. 금융과 산업의 경계가 허물어지고 있는 빅블러Big blur 시대에 주식 보유를 규제하거나 대주주 자격에 대한 제한만으로는 금산분리 규제나 금융업에 대한 진입규제 효과를 달성하기 어려운 상황이 된 것이다. 이러한 금융 규제는 소비자 후생이나 시장경쟁 촉진 측면의 순기능보다 규제를 통해 파생되는 부작용을 방지하는 효과가 크기 때문에 그 정당성을 가진다. 그런데 빅테크의 금융업 영위로 인해 소비자들이 받는 금융 혜택이 더 커지고 시장질서 측면에서도 새로운 환경이 조성되고 있는 것이다. 이제 금융당국이 금과옥조처럼 생각하는 금산분리 규제나 진입 규제 자체에 허점이 없는지, 공정 경쟁 차원에서 재고할 부분은 없는지 등 근본적으로 이를 다시 검토해볼 때가 된 것이 아닐까. 이제는 행위 규제 측면에서 빅테크와 기존 금융기관과의 갈등이나 금융시스템 상 문제를 들여다봐야 할 상황이 되었다.

금융위원회는 이러한 빅테크 기업들이 금융업 진출과 관련하여 '동일 기능 동일 규제 원칙'과 '금융시장 혁신' 측면에서 규제의 공백이 있음을 우려하여 최근 의원입법 형태로 발의한 전자금융거래법 개정안에서 빅테크 기업의 영업행위에 대한 규제 근거를 마련할 예정이다.[44] 또한 기존 금융권과 빅테크 간의 이해관계 조정 및 해결을 위하여 디지털금융협의회를 구성하여 운영하고 있다.

반독점 논란의 중심에 선 빅테크

거대 정보통신기술 기업에 대한 반독점 문제는 일부 국가에서는 각국의 정치 경제적 여건에 따라 이미 큰 논란이 되어 있다. 미국은 2020년 6월 하원 법사위원회 반독점 소위원회 온라인 청문회에서 구글, 아마존, 페이스북, 애플 등 이른바 GAFA의 CEO들(순다르 피차이, 제프 베이조스, 마크 저커버그, 팀 쿡)을 출석시켜 플랫폼을 기반으로 한 디지털 광고시장에서의 지배력 남용 문

44　개정안에 따르면 빅테크 기업들이 진입할 것으로 예상되는 종합지급결제사업자는 ▲상법에 따른 주식회사 ▲200억원 이상의 자기자본 ▲충분한 전문 인력과 전산 설비 등 물적 시설 등의 조건을 갖춰야 한다. 현행법에 따르면 은행업 인가를 받기 위해선 1천억원의 자본금이 필요하며, 인터넷 전문은행은 최소 250억원 이상의 자본금을 갖춰야 하며, 지배구조, 건전성 등 여러 규제를 받는다. 또한 금융위가 2020년 7월 발표한 '디지털금융 종합혁신방안'에 따르면 종합결제지급사업자는 금융당국으로부터 ▲일반 전자금융업자 대비 강화된 건전성·이용자보호 등 규제 ▲금융회사 수준의 신원확인, 자금세탁 방지, 보이스피싱 등의 규제를 받는다고 되어있다.

제에 대하여 논쟁을 벌였다. 또한 미국 내 10개 주에서는 구글과 페이스북에 대하여 온라인광고 독점과 관련하여 소송을 벌이고 있다.

유럽연합에서도 글로벌 정보통신기업이 유럽연합의 경쟁 관련 규제를 위반할 경우 매출액의 10%에 해당하는 벌금을 부과할 수 있는 디지털시장법이 마련되고 있다. 유럽시장에는 미국 기업인 구글의 검색시장 점유율이 90%를 넘고, SNS의 75%를 페이스북이 차지하고 있다. 이미 유럽연합은 구글에 대하여 총 3차례에 걸쳐 총 82억 유로 규모의 과징금을 부과하였으나 구글은 이를 수용하지 않고 소송을 진행하고 있다.

중국의 경우에는 독과점 이슈로 부각되기보다 정치 체제 차원에서 빅테크에 대한 규제 문제가 가시화되었다. 알리페이로 잘 알려져 있는 앤트파이낸셜은 중국 최대의 오픈 플랫폼을 운영하면서 결제부터 생활서비스, 공공서비스, 금융자산 관리 등의 업무를 영위하고 있다. 그런데 중국 금융당국은 약 345억 달러(약 37조 5천억원)에 이르는 자금조달이 예정된 기업공개IPO 절차가 진행 중이던 앤트파이낸셜에 대해 상하이 증권거래소 상장을 이틀 앞둔 2020년 11월 3일 상장을 유예시켰다. 이유는 2020년 10월 24일 상하이 와이탄 금융서밋에서 알리바바의 전 회장 마윈이 중국 금융시스템에 대하여 비판적 발언을 한 것 때문으로 알려졌다.[45] 그러나 분명

---

45 마윈은 "중국 금융기관은 저당을 기반으로 하는 '전당포 사상'으로 운영한다"며 사업 자금이 필요한 기업에게 대출의 관문이 높다는 것을 지적하며 '빅데이터를 기반으로 한 신용체계'가 필요하다고 지적했다. 이어 마윈은 '바젤협약(은행에 대한 국제규제)'을 '노인클럽'에 비유하면서 "바젤협약은 금융시장이 성숙한 나라에서나 적용 가능한 것으로 중국은 금융시스템이 없기 때문에 적용하기 어렵다"며 중국의 건전한 금융시스템 부재를 지적했다. 또한, "혁신은 대가가 필요하며 모든 위험을 제로로 만들려는 것은 위험한 생각이다. 현재 중국에서는 감독은 부족하고 간섭은 많다. 기차역을 관리하는 방식으로 공항을 관리해서는 안된다'라고 비판했다. 마윈의 연설 요지는 오래된 규제로 현재를 재단하면 안 된다는 것이다. 마윈의 와이탄 금융서밋 연설 이후 두 달여 간 중국 정부는 전에 없던 강도 높은 기업 규제에 들어갔다.(출처 : "[2020

한 것은 중국에서의 빅테크 성장이 더 이상 중국 정부로서도 두고 보기 어려운 시장 지배적 위치에 이르렀다는 점이다. 알리바바는 이미 8억 8천만 명의 방대한 고객 데이터를 가지고 있으며 본업인 전자상거래 외에 전자결제, 물류, 미디어, 스마트시티 관리 등 중국인들의 모든 일상을 통제할 수 있는 막강한 파워를 가졌다. 이에 중국 공산당은 이러한 빅데이터와 인공지능 등 각종 신기술로 무장한 빅테크가 정치 사회적 시스템에게까지 영향을 주고 있다고 보고 있다.[46]

거대 기술기업에 대한 공정경쟁 당국의 규제는 비단 경제적 문제와 소비자 보호를 위한 목적만은 아닌 것으로 보인다. 미국 기업에 대한 유럽연합의 견제, 중국의 자국 빅테크 기업에 대한 압박 등으로 볼 때 결국은 자국 산업 보호와 각국의 정치 상황에 따른 선택이 그 배경에 크게 작용하고 있다.

우리나라의 경우에도 공정거래위원회에서 구글의 시장지배력 남용 행위에 대하여 조사를 진행하고 있다. 공정위는 구글이 자사의 안드로이드 운영체제를 삼성전자 등 국내 스마트폰 제조사에 탑재하도록 하면서 제조사들이 독자적인 운영체제를 개발하여 사용할 수 없도록 하고 경쟁사를 배제하도록 강요한 의혹에 대하여 6년째 조사를 벌이고 있다. 또한 엔씨소프트 등 주요 모바일 게임 업체에 자사 앱 마켓(구글플레이)에서만 앱을 출시하도록 강요한 행위에 대해서도 조사를 하고 있는 것으로 알려졌다.

년 차이나 비즈니스 이슈] 세계 최대 유니콘 기업 '앤트그룹'의 IPO 실패 일지", 플래텀, 2021.01.06., https://platum.kr/archives/155748)

46 "9억 중국인 빅데이터 구축한 마윈... 공산당은 위협 느꼈다.", 중앙일보, 2021.01.11.

갑과 을이 바뀌었다

전통적으로 대형 시중은행을 주축으로 한 금융그룹은 총자산 규모나 고객수 등에서 다른 금융권을 압도하고 있다. KB금융지주, 신한금융지주, 하나금융지주, 우리금융지주 등 4대 금융그룹의 2020년말 총자산 규모는 2천조원이 넘는다. 매출액 규모도 2019년 기준 140조 원 수준에 이른다. 모든 국민들은 이러한 4대 금융그룹 소속 은행이나 카드사, 캐피탈사, 저축은행 등과 거래하고 있다. 또한 금융시장 경쟁도가 높아지면서 모든 사람들이 손쉽게 금융을 이용할 수 있게 되었다고는 하지만 상대적으로 신용도가 낮은 서민들에게 금융회사는 여전히 문턱이 높게 느껴진다. 신용도가 조금만 낮아져도 제도권 금융회사를 이용할 수 없게 되고 대부업체 등 고금리의 금융을 이용할 수밖에 없는 금리 단층현상에 대한 불만도 여전하다. 전통적으로 이러한 대형 금융회사들은 갑이었고 이들과 거래하는 기업들은 대부분 금융회사와의 거래에서 협상력이 열위에 있는 을이라고 생각해 왔다.

4대 금융지주 주요 지표

	총자산(조원)	총매출액(조원)	시가총액(조원)	PER(%)	PBR(%)
KB금융	588.8	47.2	18.3	5.31	0.41
신한금융	590.2	30.0	16.7	4.76	0.39
하나금융	447.0	38.7	10.4	4.19	0.33
우리금융	382.6	22.7	6.9	4.81	0.31
계	2,008.6	138.6	52.3	4.77	0.36

매출액은 2019년 기준, 총자산 및 PER, PBR은 2020년 말 추정, 시가총액은 2020.1.5.기준

그런데 시장의 평가를 보면 고개가 갸우뚱해질 수밖에 없다. 앞에서 살펴본 바대로 네이버와 카카오 두 회사의 시가총액 합계는 83조원에 이르고 있어 4대 금융그룹의 시가총액 합계 52조 원을 크게 웃돈고 있다. 총자산 규모가 24조 원에 불과한 두 기술기업의 가치가 총자산 규모 2,000조 원이 넘는 4대 금융그룹의 가치를 능가할 만큼 시장에서 그 가치를 높게 평가받고 있는 것이다. 그러다보니 4대 금융그룹 주가순이익비율이나 주가순자산비율은 두 회사와는 비교조차 할 수 없을 정도로 초라한 수준이다. 물론 두 회사의 매출액 규모는 4대 금융그룹의 10%에도 미치지 못하는 적은 규모이다. 왜 이러한 시장의 평가가 있을까? 주식시장에서 기업의 주가는 현재의 실현된 수익 외에도 미래의 기대 가치 등 해당 기업을 둘러싼 모든 정보를 반영한 시장의 평가이다. 결국 수익보다 기업 가치를 높게 평가한다던가, 해당 기업의 재무제표 상 순자산 가치에 비해 주가를 높게 평가하는 것은 그만큼 기업의 미래 가치를 시장에서 높게 보고 있다는 것을 의미한다.

검색 데이터의 파괴력과 기울어진 운동장

2021년 2월부터 마이데이터 사업이 시작되었다. 마이데이터 사업(본인신용정보관리업)이란 고객이 모든 금융권 등에 보유하고 있는 개인 신용정보를 해당 고객의 동의를 받아 마이데이터 사업자가 수집하여 그 개인을 위해 가장 적합한 자산관리를 할 수 있도록 자문서비스를 제공하는 것을 말한다. 현재 모든 업권의 금융회사는 물론 빅테크, 핀테크 업체들까지 마이데이터 사업을 하려고 금융위원회 허가 절차를 진행하고 있다.[47] 그런데 이러한 자문 서비스가 성공하기 위한 가장 중요한 조건은 어떤 데이터를 기초로 얼마나 경쟁력 있고 차별화된 서비스를 만들어내느냐 하는 것이다.

　과거 소비자의 생각을 파악하는 방법은 소비자에게 일일이 의사를 물어보는 것이었다. 설문조사나 전화 통화 또는 직접 상담을 통하여 해당 고객의 의사나 상태를 파악하여 필요한 투자자문이나 자산관리 서비스를 제공하는 것이 기존 금융회사의 영업 방식이었다. 그러나 이제는 세상이 바뀌었다. 소비자들은 아침에 자고 일어나 스마트폰을 켜는 것으로 하루 일과를 시작한다. 뉴스를 검색하고, 쇼핑할 목록을 찾아보고, 가격을 비교해 본다. 취미 활동을 위해서도 이것저것 인터넷 상에서 정보를 구한다. 그런데 이러한 디지털 검색이나 활동 흔적들은 매 순간마다 데이터로 쌓인다. 이제는 소비자는 직접 물어볼 대상이 아니라 그냥 흔적으로 남겨진 데이터로서 관찰하는 대상이 된 것이다.

　전통적 금융회사가 보유하고 있는 고객 정보는 그 고객의 재산 상태나 거래 결과, 그리고 신용도를 평가한 내용과 같은 정적인 정보Static data이다. 기본적으로 미래 지향적이기보다는 과거의 거래 결과로 쌓인 정보다. 그런

47　2021년 1월 27일 금융위원회는 28개 회사에 대하여 마이데이터 사업 본허가를 하였으며 여기에는 네이버 파이낸셜, 비바리퍼블리카(토스), 뱅크샐러드 등 핀테크 업체 14개사도 포함되어 있다. 이들 기업들은 데이터 송수신을 위한 표준 API(응용프로그램 인터페이스) 등 시스템 구축을 거쳐 8월부터 본격적인 서비스를 제공하게 된다. 한편 심사가 보류된 회사들은 요건 정비를 거쳐 다시 허가 절차를 밟을 것으로 보인다.

데 네이버나 카카오 등 플랫폼 기업들이 보유하고 있는 정보는 고객의 생각을 읽을 수 있는 동적 정보Dynamic data다. 뉴스를 검색하고 쇼핑 목록이나 여행 정보, 취미 생활을 위해 여기저기 검색하는 등의 데이터는 그 고객이 지금 무슨 생각을 하고 있고 뭘 계획하려고 하는지를 알 수 있는 생생한 데이터이다. 과거 기록 중심의 정적인 데이터을 보유하고 있는 금융회사와 현재 살아 움직이는 생각을 읽을 수 있는 데이터를 보유한 빅테크 간에 경쟁을 한다면 누가 이길 수 있을지는 물어볼 필요도 없다.

더구나 마이데이터 사업은 기존 금융회사들이 보유하고 있는 개인신용정보를 해당 개인의 정보전송요구권에 의해 마이데이터 사업자에게 반드시 제공해야 한다. 반면 플랫폼 사업자인 빅테크가 소유하고 있는 개인의 검색 정보는 마이데이터 사업자에게 제공하는 범위에서 빠져 있었다. 빅테크 입장에서는 자신들의 정보는 주지 않으면서 금융회사 정보는 얻을 수 있고, 맞춤형 금융서비스를 개발하고 제공함에 있어 살아있는 검색 정보를 마음껏 활용할 수가 있다. 그러나 금융회사 입장에서는 자신들이 보유한 개인신용정보는 제공하면서도 빅테크가 보유한 검색 정보는 확보할 수 없다. 그러다 보니 금융위원회 주도 하에 빅테크와 금융회사 간의 협의체인 디지털금융협의회에서 이러한 검색 정보의 제공 범위에 대하여 논의를 계속해 왔다. 그 결과 개별 검색이나 주문 품목 정보까지는 제공하지 못하더라도 범주 Category 정보까지는 제공하는 것으로 논의가 이루어졌다.

그러나 여전히 마이데이터 사업에서 주고받는 신용정보의 범위에 대하여 법적 논란이 있고, 빅테크와 금융회사 간의 이해관계 충돌이 상당 기간

계속 제기될 가능성이 크다. 또한 일정 수준의 범주 데이터를 제공받는 것으로 일단은 결론이 났지만 그것이 끝이 아닐 가능성이 크다. 왜냐하면 그러한 데이터 공유 범위가 데이터 상호주의에 부합한다고 보기 어려운 요소가 늘 존재하고 있기 때문이다. 여기에 검색 데이터의 파괴력이 실제로 나타나기 시작하면 경쟁에서 열위에 있는 금융회사들 입장에서는 지속적으로 빅테크에 대하여 정보 제공을 확대하도록 요구할 것이기 때문이다.

데이터에 관한 한 적어도 금융회사는 더 이상 갑이 아니며, 운동장도 공정하지 못한 것이 현실로 부각되었다. 이러한 논란은 과거에서부터 있어 왔던 것이 아니라, 산업 구조가 변하고 혁신적 기술이 발달하여 플랫폼이라는 세상이 대두되면서 발생한 것인 만큼 앞으로 지속적으로 논의하고 정부나 감독당국이 올바른 미래지향적 방향이나 정책을 정립해 나가면서 그 합의점을 찾아갈 것으로 보인다. 다만, 이러한 논의에서 가장 중요한 것은 그 논의의 중심에 소비자가 있어야 한다는 것이다. 마이데이터 사업도 금융회사나 마이데이터 사업자를 위해서 존재하는 것이 아니라 소비자가 좀 더 나은 금융서비스를 제공받고 이로 인해 소비자 효익이 증가할 수 있는가 하는 것이 가장 중요한 가치가 될 것이다.

'안전한' 마이데이터 시대를 위해

데이터 활성화와 개인 권리 보호 간의 균형점을 찾아야 하는 오랜 진통 끝에 2020년 1월 9일 신용정보법을 비롯한 개인정보보호법, 정보통신망법 등 데이터경제 3법이 국회 본회의를 통과해 2020년 8월부터 시행되었다. 특히 신용정보법 개정으로 금융권이 빅데이터를 폭넓게 활용할 수 있는 법적 근거가 생겼고, 마이데이터My Data(본인신용정보관리업) 등 새로운 금융혁신 사업자가 출현할 수 있는 기반도 마련되었다.

데이터는 4차 산업혁명의 성공을 위한 가장 중요한 자산이다. 인공지능, 클라우드 컴퓨팅, 사물인터넷 등의 신기술들이 융합, 접목되어 새로운 가치를 창출한다는 장밋빛 미래는 당연히 데이터를 전제로 하고 있고 데이터에 미래의 모든 답이 있기에 또한 가능하다.

그러나 데이터 활용 못지않게 개정 법률이 갖는 의미는 정보 주권이 실질적으로 정보 주체인 개인에게 부여된다는 점이다. 지금까지 일상에서 생성되고 제공되는 각종 개인 데이터는 데이터의 실질적인 정보주체가 해당 개인임에도 데이터를 수집하는 기관이나 단체의 전유물로 인식되고 은연중에 이를 인정하는 경향도 없지 않았다. 그러나 데이터를 생성시킨 개인이 정보주체로서 실질적으로 데이터 주권을 행사할 수 있게 되었다는 점에서 법 개정이 의미하는 바는 크다.

미국, 유럽연합EU, 호주, 영국 등 많은 나라에서는 이미 정보주체의 정보 이동권 Right to Data Portability을 법률로 보장하면서도 데이터 활용 여건을 마련하고 있음은 주지의 사실이다. 우리나라는 지금까지 소비자의 동의가 있더라도 금융회사 간에 데이터를 모아 분석하고 활용할 수 있는 여건이 아니었다.

그러나 신용정보법 개정으로 마이데이터 산업이 도입되어 마이데이터 사업자들은 개인들로부터 동의를 받아 금융회사들에게 산재되어 있는 데이터를 모으고 분석하여 해당 개인에게 필요한 맞춤형 금융서비스를 제공할 수 있게 되었다. 금융회사에 잠자고 있던 데이터들을 소비자의 정보이동 권리를 기반으로 살려 내어 가치를 부여할 수 있게 된 것이다. 현재 핀테크 업체를 포함한 21개 금융·비금융사들이 마이데이터 사업 허가를 받았고 추가적인 허가 신청자들이 심사를 받고 있다.

다만 기존의 금융회사들이 데이터를 모아서 분석한다 하더라도 금융상품을 추천하는 단계에서 소비자에게는 적합하지만 경쟁 금융회사가 취급하고 있는 상품들을 적극적으로 권유할 것인가에는 의문의 여지가 있다.

그렇지만 핀테크 업체들이 시장 경쟁에 가세하여 맞춤형 서비스의 품질이 비교될 것이므로 거래조건이나 혜택이 비교 열위에 있는 금융상품들은 배척될 것이며, 비교 우위를 가지기 위한 시장 경쟁이 더욱 촉발됨으로써 궁극적으로는 소비자가 더 나은 금융서비스 혜택을 누릴 수 있을 것이라는 기대를 갖게 한다. 그러나 이러한 데이터 활용 논의의 이면에는 가장 중요한 전제가 있다. 바로 데이터가 '안전하게' 활용되어야 한다는 것이다. 데이터경제 3법 개정 과정에서도 개인정보 남용을 우려하는 목소리가 작지 않았던 만큼 향후 데이터 활용 과정에서 이러한 부작용 우려를 해소해야 할 숙제를 안고 있다.

물론 개정 법률에서는 가명정보의 재식별을 금지하고 있고 이를 위반하면 징역, 벌금, 과징금 등 엄중한 처벌을 하도록 하고 있으며, 재식별에 활용될 수 있는 추가 정보에 대해서는 이를 분리하여 보관토록 하는 등 엄격한 보안관리 대책을 마련하도록 하고 있다. 또한 소비자들이 '알고 하는 동의'를 할 수 있도록 정보제공 동의서를 단순화, 시각화하고 동의서 등급제도 도입할 예정이다.

그리고 데이터 결합도 금융보안원, 신용정보원과 같은 데이터전문기관을 통해 가능하며, 금융회사들에 대한 정보 활용 및 관리에 대한 상시 평가제도 도입하였다. 이러한 장치들은 데이터 활용의 전제가 되는 정보보호를 보다 충실히 하기 위한 것으로써 앞으로 중요한 소비자 보호 장치로 작용할 것이다.

정보를 탈취하려는 공격자는 항상 취약한 곳을 공격한다. 기존의 보안 체계가 잘 정립된 곳보다는 새로운 사업을 시작하는 사업자, 상대적으로 보안의식이 취약한 소비사들이 공격자들에게는 목표가 되기 쉽다. 마이데이터 시대를 앞두고 각 경제 주체들 모두 이러한 보안 요소를 분명하게 인식하고 실천하기 위해 노력할 필요가 있다.

감독당국은 법 개정 과정에서 제기된 소비자 권리 침해 우려가 실제 발생하지 않도록 각종 제도적 보완 장치들이 차질 없이 운영되는지를 감독하여야 한다. 이를 지원하는 금융보안원 등의 인프라 기관들 또한 APIApplication Programming Interface 규격 관리, 강력한 인증체계 마련, 핀테크 업체에 대한 보안 지원 등을 통해 안전한 마이데이터 산업 생태계를 만들어야 한다.

마이데이터 사업자들 또한 자기책임 원칙하에 수익보다는 소비자 보호가 우선한다는 것을 명심하고 스스로 보안체계를 강화하고 소비자로부터 신뢰를 얻기 위해 노력하여야 할 것이다.

무엇보다 정보주체로서의 소비자들은 실질적으로 자기정보 결정권을 행사하여야 보다 나은 금융서비스를 제공받을 수 있는 만큼 필요한 금융수요에 적합하게 본인의 정보 활용에 동의하여야 하며 또한 시장에서 옥석이 가려질 수 있도록 금융회사나 사업자들의 성과나 정보보호 능력에 대하여 관심을 기울일 필요가 있다.

디지털 트랜스포메이션은 어느 일방의 노력만으로는 성공하기 힘들다. 마찬가지로 마이데이터 산업도 특정 회사나 사업자만 열심히 한다고 성장할 수 있는 것은 아니다. 참여하는 모든 이해관계자들이 차질 없이 준비하고 점검하고 실행하여야만 협업적 생태계가 만들어진다. 물론 보안이라는 절대적 가치가 생태계의 가장 중요한 축임은 두말할 필요가 없다.

(2020.2.24. 한국금융신문. 부분 수정)

나한테 어떻게 이런 콘텐츠를 자꾸 보여주고 광고를 하는 거지?

유튜브를 열면 어김없이 내가 보지도 않은 여러 가지 콘텐츠들이 나의 유튜브 홈페이지에 나타난다. 주식 투자가 궁금하여 찾아보았다면 유사한 콘텐츠를 보내주고, 트로트 노래가 궁금하여 찾아봤으면 다른 트로트 노래를 보여준다. 심지어 내가 관심 있을만한 다른 분야의 콘텐츠도 보여준다. 유튜브 뿐만이 아니다. 뉴스 검색도 그러하고, 인터넷 쇼핑도 그러하다. 왜 이런 일이 일어날까? 한번 쯤은 궁금하였을 것이다.

이러한 콘텐츠 광고가 이루어지는 것은 결국 데이터와 인공지능 기술의 결합으로 가능하다. 우리는 스마트폰에서 각종 앱을 사용하게 된다. 이러한 앱 사용 정보는 스마트폰 설정 기능에 있는 광고 ID를 기준으로 하여 광고컨설팅 업체 등에게 제공된다. 광고 ID는 모바일 앱 환경의 광고 식별값으로 구글의 경우에는 임의의 알파벳과 숫자의 32개 글자 조합으로 구성된다. 그 자체로는 누구인지를 식별할 수 없는 정보이다. 구글 플레이스토어가 제공하는 것을 ADID라고 하고, 애플의 앱 스토어가 제공하는 광고 식별값을 IDFA라고 한다. 이러한 광고 ID를 식별값으로 하여 사용자들의 앱 이용현황을 바탕으로 인공지능 기술을 이용하여 정확히 누구인지는 알 수 없지만 성별, 결혼 유무, 관심사, 구매력, 추정되는 직업군, 생활 습관 등 다양한 정보를 추출하게 된다. 광고 컨설팅 기업들은 광고 ID를 통한 앱 사용 데이터와 사이트의 쿠키Cookie 정보를 토대로 한 분석 결과를 기초로 목표 고객을 대상으로 최적화된 광고를 내보내게 된다. 광고 ID가 식별 정보는 아니라 하더라도 다양한 앱 사용 기록을 분석하고 다른 정보와 결합될 때 특정 개인을 식별할 가능성은 없는 것인가. 이러한 광고 ID에 대해 그간 감독과 규제가 없었으나 점차 관심이 늘어날 것이다. 앱 사용기록이 거래되는 시장이 과연 소비자를 위한 것인지, 소비자 권익 침해 요소는 없는 것인지에 대하여 세밀하게 들여다볼 필요가 있다. 애플의 경우 평균적으로 앱 하나에 정보를 수집, 추적하는 '트래커'는 6개에 이르고 이렇게 수집된 데이터는 연간 2,270억 달러(약 253조원)에 달하는 산업의 기반이 된다고 한다.

마침 2021년 1월 28일 애플에서는 새로운 프라이버시 정책을 공개했다. 이에 따르면 애플은 사용자가 앱 추적을 금지하도록 요청할 수 있는 기능을 iOS14 업데이트 시 본격적으로 탑재하고 사용자가 일일이 앱이나 웹사이트의 추적 활동에 대하여 승인 또는 거부의사를 표시할 수 있도록 한다는 계획이다. 그러자 기존에 앱 추적정보를 기반으로 사업을 하는 페이스북 등은 애플의 정책에 강하게 반대하고 있어 그 진행상황을 지켜볼 일이다.[48]

어쨌든 우리가 의식하지 못하는 사이에 우리의 디지털 이용 활동이 분석되고 심지어 나의 속마음까지 분석하고 있는 세상이다. 그래서 인공지능이 나보다 나를 더 잘 알고 있는 것은 아닐까 걱정되는 세상이기도 하다.

---

48   "애플, 새 프라이버시 정책 공개…"앱이 추적 못하게 철통 보호"", 서울경제, 2021.01.28.

10

데이터 거래와
결합

금융데이터거래소가 생겼다

데이터가 21세기의 가장 중요한 원료라고 하지만 구슬이 서 말이라도 꿰어야 보배가 되듯이 데이터가 활용될 수 있는 생태계를 조성하는 것이 무엇보다도 중요하다. 정부에서도 이러한 점을 인식하고 과거부터 일부 노력을 기울여 왔다. 그러나 한국데이터산업진흥원이 데이터 거래와 관련하여 참여자를 대상으로 애로사항을 조사한 결과 쓸 만한 양질의 데이터가 부족하고 데이터 가격이 불합리하며 데이터를 사고 팔 수 있는 유통 채널이 부족하다는 것 등이 문제로 나타났다.

또한 데이터 사업을 하는 경우에 데이터를 어느 경로로 입수하는지를 조사한 결과 가장 많은 경우는 자신의 회사 내에서 스스로 데이터를 축적하여 제한적으로 쓰는 경우이고, 데이터 거래를 통해 데이터를 확보한 경우는 12.9% 수준에 불과하였다.

데이터는 4차 산업혁명을 성공으로 이끌 수 있는 핵심적인 재료이며 그 중에서도 금융 데이터는 활용성이 높아 그 잠재적인 가치가 뛰어나다. 정부의 데이터 생태계 조성을 위한 정책은 데이터 경제를 위한 필수불가결한 발걸음이라 할 수 있다. 금융부문 데이터 생태계 조성을 위해 금융위원회는 2018년 3월 '금융분야 데이터 활용 및 정보보호 종합방안'을 발표하였고, 그 세부추진방안으로 2019년 6월 '금융분야 빅데이터 인프라 구축방안'을 마련하였다. 이 방안에 따르면 금융보안원은 빅데이터의 원활한 유통과 결합 등을 위해 금융분야 데이터거래소와 데이터전문기관을 구축하여 운영하기로 하였다.[49]

이에 따라 금융보안원은 금융 분야 데이터를 사고 팔 수 있는 거래소를 구축하였다. 향후 확장성 등을 고려하여 클라우드 기반으로 시스템을 구축하였으며 시범 테스트를 거쳐 2020년 5월 11일 출범하였다. 출범 시점에 금융결제원, 한국신용정보원, 보험개발원, 신한은행, 신한카드 및 SK텔레콤과 금융데이터거래 활성화를 위한 MOU 체결 행사도 곁들였다.

---

49   금융위원회 보도자료, "금융분야 빅데이터 인프라 구축방안 발표 및 오픈행사 개최 결과", 금융데이터정책과(2019.06.03.)

데이터 거래 시 애로사항

쓸만한 양질의 데이터 부족	50.9%
구매 데이터 불합리한 가격 책정	35.8%
데이터 유통 채널 부족	30.2%
데이터 품질 문제	24.5%
데이터 소재파악 및 검색의 어려움	22.6%
개인정보 포함 데이터유통/활용 시 법적 문제 ·법률 지원	7.5%
개인정보 처리 기술력 및 예산 부족	5.7%
데이터 가공 문제	3.8%
데이터 거래 절차 및 방법 미숙	1.9%
기타	3.8%

자료 : <2019년 데이터산업현황 조사>(과학기술정보통신부 · 한국데이터산업진흥원)

데이터 수집 경로

자사와 데이터 가공(데이터화)에 의한 데이터 확보	35.9%
마케팅 등 고객 커뮤니케이션을 통해 수집	16.1%
데이터 거래를 통해 데이터 확보	12.9%
온라인 회원 및 고객이 이용 동의한 데이터	11.5%
공공기관에서 제공되는 데이터(공공데이터)	7.9%
수집 솔루션(tool) 등에 의한 웹데이터 수집	6.8%
소셜(SNS)/인터넷 등을 통한 데이터 수집	5.1%
내방객 등 오프라인을 통한 데이터 수집	0.8%
각종 센서를 통해 자동 데이터 수집	0.8%
기타	0.6%
무응답	1.5%

자료 : <2019년 데이터산업현황 조사>(과학기술정보통신부 · 한국데이터산업진흥원)

금융데이터거래소 출범식 사진 및 관련 언론 기사들

24·365 보안 이야기
The Other Side of Innovation

데이터 경제를 위하여 풀어가야 할 일들

데이터 경제는 데이터 활용이 가장 중요한 전제가 되기 때문에 그 이면에는 필연적으로 여러 이해관계와 함께 풀어야 할 이슈들이 있다. 앞으로 데이터 경제를 향해 나아가기 위해서는 몇 가지 기본적인 의문을 어떻게 해결할 것인지에 대하여 우리는 함께 생각해 보아야 한다. 누가 데이터를 소유하고 있는가? 데이터로 무엇을 할 수 있는가? 데이터로 인한 효익을 누가 창출해 낼 것인가? 지금까지 데이터 경제와 관련하여 제기되는 이러한 상반되는 가치와 이슈는 대강 세 가지 정도로 집약이 된다.

먼저, 공정경쟁 문제와 데이터 가치로 인한 과실을 어떻게 나눌 것인가의 문제이다. 최근 전통 금융회사와 플랫폼 기업 간에 어느 범위까지 정보를 공유할 것인지가 큰 이슈가 되었다. 특히 마이데이터 사업을 앞두고 이러한 문제는 표면화되었다. 네이버, 카카오와 같은 플랫폼 기업들은 곧 데이터 기업이다. 구글, 아마존, 페이스북, 애플, 마이크로소프트와 같은 소위 GAFA-M 기업들도 지배적인 데이터 보유 기업들이다. 제도권에서 인허가를 받아 영업을 하는 전통 금융회사들이 보유한 고객 정보와 빅테크 기업들이 보유한 정보는 그 활용 가치가 다르다. 그러다 보니 전통 금융회사들은 경쟁 자체가 불공정하다고 주장하면서 플랫폼 기업들의 고객 검색 정보를 공유하라고 요구하고 있다. 물론 당국의 중재로 어느 정도 그 절충점을 찾아가고는 있지만 앞으로도 논란은 계속될 것으로 보인다. 공정한 경쟁시장을 만들기 위해서는 각종 제도적 장치를 만들어가야 한다. 시장 집중과 지배력 강화 현상은 디지털 공간 이동의 특성으로 인해 국내에서만 머무르지 않는다. 국가 간 통상 이슈의 대상이 될 수도 있고 그것이 기업뿐만 아니라 개인 프라이버시 문제와도 이어질 수 있다. 정부의 역할이 그만큼 다차원적이고 중요해질 수밖에 없다.

한편, 데이터의 주권은 데이터 생산자인 각 개인들이지만 데이터를 분석하여 가치를 창출하고 그러한 데이터로부터 수익을 얻는 주체는 기업들이다. 데이터가 생산요소로서 내포하고 있는 특이한 속성으로 인해 더 많은 사람들이 기업의 서비스를 이용하면 할수록 데이터 기업의 수익은 더욱 증가하게 된다. 일종의 수확체증효과(투입규모보다 산출량이 더 크게 나타나는 효과)가 발생한다. 그러다보니 데이터로부터 얻은 수익을 기업 혼자서 향유하는 것이 과연 옳은 것인지에 대한 비판적 시각과 함께 데이터 생산자이며 데이터 소유자인 개인들에게도 이러한 과실이 분배되어야 한다는 주장이 제기되고 있다. 실제로 미국 캘리포니아 주지사 개빈 뉴섬Gavin Newsom은 캘리포니아 주에 본거지를 둔 구글, 페이스북 등 IT 기업들이 소비자 정보를 활용하여 수익을 창출한 만큼 소비자에게 일정 대가를 지불해야 한다며 데이터 배당제Data dividend를 도입할 것을 주장하였다. 우리나라에서도 경기도에서 지역화폐 사업을 하면서 지역화폐 사용자 36만 명의 거래 정보를 외부 연구소나 기업에 판매한 수입 5천만 원을 사용자 1인당 120원씩 배분하는 데이터 배당제 실험을 실시한다고 발표한 바 있다.[50] 물론 이러한 논의는 아직 상징적이고 개념적 수준이지만 향후 데이터 경제가 더 본격화되기 시작하면 함께 논의가 활발해질 것으로 보인다.

당장 2021년 2월부터 도입된 마이데이터 사업의 경우에도 앞으로 이러한 논의가 제기될 가능성이 있다. 마이데이터 사업은 개인의 정보수집 동의를 전제로 마이데이터 사업자가 금융회사들이 보유하고 있는 해당 개인의 모든 금융거래 정보를 입수하여 그 개인을 위해 재테크 서비스를 제공하는 사업이다. 개인은 해당 서비스에 대하여 수수료를 지급하게 된다. 그런데 각 개인은 자신의 금융거래 데이터를 사업자에게 제공하는 대가도 받지 않고 이후에 제공받을 서비스 만족도에 대한 확신도 없이 마이데이터 사업자에게 수수료를 지급해야 하는 상황이 발생할 수 있다. 현재로서는 마이데이터 사업이 성공하기 위한 소비자 유인 구조가 별로 보이지 않는다. 유인이 명확하지 않은 상태에서 소비자들이 마이데이터 사업자에게 선뜻 비용을 지불할 것인가? 지금이 데이터 생산자인 소비자에게 창출되는 수익을 분배해야 한다는 논의의 출발점이 될 수도 있지 않을까.

데이터 경제와 관련한 두 번째 이슈는 시장신뢰 및 프라이버시 문제이다. 데이터 활용에 대해서는 인간 삶이 급격하게 풍요로워질 것이라는 주장이 있는 반면, 한편에서는 아주 위험한 재앙이 될 수도 있다는 상반된 시각

---

50   "경기도 '데이터 배당제' 순항할까", 주간경향 1359호, 2020.01.06.

도 있다. 즉 데이터 활용 및 관리에 대한 안전이 담보되지 않고 소비자로부터 신뢰를 얻지 못할 경우 이는 번영이 아닌 재앙이 될 것이라는 우려가 있다. 데이터를 활용하는 기업이나 가치 창출에 집착하는 이해 관계자 입장에서는 데이터 활용을 촉진하는 각종 법률이나 제도를 통해 이를 지원해 주길 원한다. 그러나 초연결 시대에 사이버 상의 데이터 유출이나 미흡한 보안 문제는 지속적으로 우릴 괴롭힐 것이다. 번영이냐 재앙이냐의 문제는 이러한 충돌되는 가치를 어떻게 조화롭게 유지하면서 시장으로부터 신뢰를 확보할 것인지와 밀접하게 관련이 있을 것이다.

데이터 경제에 참여하는 이해 관계자는 수도 없이 많다. 금융회사, 기업, 핀테크 업체, 데이터 분석 및 컨설팅 업체, 정부, 공공단체 등의 주체는 물론 분야별로도 금융 외에 의료, 문화, 교육, 유통, 국방 등 모든 산업 분야가 데이터 경제에 참여한다. 그렇기 때문에 다루는 정보와 관련하여 정보 주체에 대한 프라이버시가 침해되거나 사이버 해킹이나 침해에 취약하여 소비자 보호를 소홀하게 될 가능성이 크게 열려 있다. 또한 데이터의 수집과 활용 과정에서 데이터 남용의 문제 또한 지속적으로 제기될 수 있다. 따라서 정보처리자들이 데이터를 보호할 시스템과 체계가 제대로 마련되고 작동되고 있는지가 무엇보다 중요하다. 각종 제도적 장치들 또한 이러한 소비자 프라이버시를 실효적으로 보호하도록 설계되고 운영되는 것이 기반이 되어야 한다.

마지막으로 데이터 경제를 활성화하기 위한 당국의 역할 및 국가 간의 협력 이슈를 짚어볼 필요가 있다. 지금의 데이터 경제는 정부의 정책이나 규제 틀을 앞서는 데이터 기업들의 혁신적 움직임이 그 중심에 있다. 공정 경쟁이나 프라이버시 이슈 모두 그 기준과 질서의 방향을 결정하는 정부 등 당국의 역할은 중요하다. 데이터 경제를 향한 국가 간, 기업 간 경쟁에서 뒤떨어지지 않기 위해서는 당국이 혁신의 방해자가 되지 않고 늘 깨어 있으면서 시장 발전의 촉진자가 되어야 한다. 데이터 인프라를 지원하고 확충하며, 데이터와 관련한 원천기술 개발을 포함한 전문인력 양성은 물론 새로운 혁신서비스를 장려하는 각종 제도적 지원이 일관되게 때로는 과도할 정도가 되어야 할 것이다. 또한 국가 간 데이터 협력 및 공유 이슈 등 국제적 흐름과 논의에도 적극 참여하여 국가 경쟁력 확보 및 인류 발전에 기여할 수 있는 입지를 만들어가야 할 것이다.

위와 같은 이슈로 볼 때 결국은 데이터 경제를 둘러싼 정책적 환경, 소비자 편익 증진 및 고객정보 보호에 대한 신뢰가 없이는 데이터 경제가 제대로 기능을 발휘하기 어렵다는 결론에 도달하게 된다. 따라서 정부나 관계 당국 나아가 국제적으로도 데이터 활용과 관련한 통일된 기준, 데이터의 품질 관리와 함께 소비자 보호 차원의 적절한 규제 체계가 지속적으로 보완되고 제대로 작동되어야 하는 것은 매우 중요한 일이 아닐 수 없다. 또한, 빅데이터와 인공지능 기술이 결합되어 나타나는 다양한 파급 영향은 아직 우리가 그 모든 것을 제대로 겪지 못하였다. 앞으로도 예상치 못한 다양한 문제와 이슈들이 등장하게 될 미지의 세계로 접어든 만큼 풀어가야 할 과제들도 그만큼 많다.

금융데이터거래소 출범의 의의와 과제

2020년 5월 11일 금융데이터를 사고 팔 수 있는 거래소가 출범하였다. 이전에도 데이터를 당사자 간에 직접 거래할 수는 있었으나 구매자는 어디에 어떠한 데이터가 있는지 알기가 어려웠고, 살 수는 있는 것인지, 구매 가격은 어떻게 되는지 등에 대하여 의문이 있었다. 판매자도 데이터를 판매할 유인이 없었다. 그러나 이제는 중개 플랫폼인 금융데이터거래소FinDX를 통해 손쉽게 필요한 데이터를 사고 팔 수 있는 유통시장이 만들어진 것이다.

데이터는 모든 경제활동의 궤적이거나 여러 가지 실험이나 관측의 결과로 얻어진 수치 또는 그 대상의 속성을 나타내는 것이다. 데이터 자체는 단순한 사실에 불과하지만 이를 모아 분석하면 가치가 생성된다. 흔히 4차 산업혁명을 데이터 혁명이라고 하고 데이터를 21세기의 원유라고 하지 않던가.

2020년 세계경제포럼의 키워드 중 가장 첫 번째는 인공지능과 빅데이터였다. 그중에도 데이터는 모든 부가가치를 창출하는 가장 중요한 원천으로서 인공지능도 빅데이터가 없으면 쓸모가 없다.

미국의 블룸버그는 "미국은 돈이 있고, 중국은 데이터가 있다."고 하였다. 미국이 강력한 산업적, 기술적 토대를 가졌다면 중국은 상대적으로 느슨한 규제와 방대한 데이터를 갖고 있다. 미국과 중국 간에 전개되고 있는 각종 경제, 정치 갈등의 이면에는 중국이 추진 중인 기술굴기와 이의 기반이 되는 데이터 문제가 내재하고 있다.

데이터는 향후 국가 경쟁력을 판가름 짓는 결정적 요소가 될 것이므로 우리도 데이터에 대한 인식을 획기적으로 바꾸고 데이터를 자산화시키고 경쟁력의 밑천으로 활용하는 것이 시급하다.

금융보안전담기관인 금융보안원이 거래소를 구축한 것은 그만큼 개인정보 보호와 데이터 활용 간의 조화와 균형을 중요시했기 때문이다. 출범 과정에서 13건, 약 2억 원의 데이터 거래가 이루어졌다. 거래된 데이터는 지역별 카드 소비, 소득·지출·금융자산, 행정동 단위별 성별·연령별 소득 등이며 구매자는 대기업, 중소기업, 연구소 등 다양하였다. 건당 거래 금액은 데이터의 품질과 활용 가치에 따라 무료부터 수천만 원에 이르렀다.

한편, 금융회사 데이터로 시작되었으나 이제는 통신, 유통, 보안 등 다양한 산업에서 생성되고 축적된 데이터가 함께 상품으로 거래되고 있다. 8개월이 지난 2021년 1월말 기준으로 참여기업은 90개사(회원 수는 약 2천명)에 이르고 등록 상품 수는 550건, 누적 거래량은 1,141건에 이르는 등 성공적으로 정착해 가고 있고 지속적으로 거래량이 늘어나는 등 관심의 열기는 뜨겁다. 그만큼 시장에서는 데이터에 목이 말랐다는 반증이기도 하다.

그러나 아직은 갈 길이 멀다. 금융은 다른 산업과의 연관성이 깊고 데이터의 정확성과 가치가 매우 높아 전 세계적으로도 빅데이터 활용이 가장 활발한 분야이다. 정부의 분야별 데이터 플랫폼 구축과 금융데이터거래소 출범을 계기로 우리나라에도 양질의 데이터가 유통될 수 있는 좋은 환경이 만들어졌다. 다른 부문의 데이터 플랫폼도 점차 활기를 띠기 시작했고 정부도 데이터 댐 건설 등 디지털 뉴딜 정책에 더욱 박차를 가하고 있다.

해외 주요국들은 오래전부터 데이터 경제 시대의 주역이 되기 위해 경쟁하고 있다. 미국의 경우 2천5백여 개의 데이터 브로커가 활약하며 민간과 공공부문의 데이터를 수집·결합하여 판매하고 있다. 중국은 귀양 빅데이터 거래소와 상해, 북경 등에 데이터 거래 지원센터를 구축하고 이를 통해 2020년에는 약 1조 100억 위안 규모의 거래가 이루어진 것으로 추정된다.

한국데이터산업진흥원 조사 결과 우리나라의 데이터 산업 규모는 2019년 기준약 17조원 수준이며 이 중 데이터 거래 규모는 4,315억 원에 불과하다. 데이터 수집 경로 또한 대부분 기업 자체적으로 데이터를 가공하거나 마케팅 또는 영업 과정에서 직접 수집하고 있으며, 데이터 거래를 통한 수집은 12.9%에 불과한 것으로 나타났다.

2020년 데이터 3법 개정으로 데이터 경제의 전개와 발전을 위한 제도적 기반은 마련되었고, 이것도 부족하다고 판단하여 2021년 데이터기본법 제정도 추진 중에 있다. 전문가들은 제도적 개선과 함께 데이터 유통 기반을 조성하는 것이 무엇보다 중요하다는 점을 강조하고 있다. 쓸 만한 데이터 부족, 불합리한 구매 데이터 가격 책정, 데이터 유통채널 부족, 데이터 품질 문제, 데이터 소재 파악 및 검색의 어려움 등 애로사항들은 지속적으로 해결되어야 한다.

　금융데이터거래소는 이러한 문제를 극복하고 데이터 수요자와 공급자가 검색, 계약, 결제 등 전체 유통 과정을 원스톱으로 처리할 수 있도록 지원하고 있다. 또한, 데이터 구매에 경제적 부담을 느끼는 중소 핀테크 업체 등을 위해서는 정부가 바우처를 제공하고 있다. 데이터 수요·공급 기반 확충, 거래 표준화, 가격 산정기준 마련 등 미진한 과제들 또한 시장 참여자와 함께 해결해 가고 있다.

　한편, 이러한 데이터 거래시장 활성화를 위해서는 무엇보다도 안전성에 대한 신뢰가 필수적이다. 이를 위해 금융보안원은 세계 최고 수준의 보안기술 역량을 거래소 구축에 활용하였다. 취약점 분석·평가를 통해 예상되는 사이버 위험을 사전에 제거하였으며 24시간 365일 보안관제와 침해 대응으로 해킹, 데이터 유출 등을 철저히 방지하고 있다. 데이터 전송 과정에도 안전한 암호기술을 사용하여 이용자가 안심하고 거래를 할 수 있도록 하였다.

　2020년 8월에는 금융보안원과 한국신용정보원이 금융부문 데이터전문기관으로 지정되어 금융 데이터 간 또는 금융과 이종 산업 간 데이터 결합과 활용의 법적 근거가 마련되었다. 이러한 결합 서비스는 거래소의 유통 서비스와 통합 연계하여 제공됨으로써 데이터 활용의 효용성을 한층 높여가고 있다.

　물론 장밋빛 미래만 있는 것은 아니다. 데이터 유출, 개인정보 남용 등이 우려되는 만큼 개인정보 보호를 강화해야 하는 가치는 가장 중요하다. 따라서 데이터 활용 활성화와 보안이 균형을 이룰 수 있도록 금융보안원은 고도의 데이터 결합 및 비식별화 기술을 적용하고 있다. 또한, 금융권의 개인신용정보 활용·관리 실태를 상시 평가하는 등 안전한 데이터 활용을 위해 더욱 노력할 것이다.

　모든 산업은 데이터를 중심으로 연결되고 있다. 데이터가 없는 디지털 전환은 이루어질 수 없다. 금융, 통신, 유통, 의료 등 전 산업 분야에서 축적된 데이터가 자산이 되고, 결합을 통해 새로운 부가가치가 창출되어야 한다. 21세기 기업과 국가의 경쟁력은 데이터의 양과 그 활용에 있다고 해도 과언이 아니다. 금융데이터거래소가 그 밀알이 되고자 한다.

(한국금융신문, 2020.5.25. 부분 수정)

데이터 혁명으로 가는 길 '금융보안'

디지털 트랜스포메이션Digital Transformation이 기업 생존을 위한 필수적 선택이라는 것에 대해 이제는 이견이 없다. 혁신적 기술들이 사업모델의 기반이 되어 모든 분야에서 기존의 가치사슬Value Chain을 바꾸고 있다.

온라인 시장 조사기관인 포레스트 리서치는 2020년까지 모든 기업이 '디지털 포식자Digital Predator'가 되지 못하면 '디지털 희생양Digital Prey'이 될 것이라고 하였다. 그러나 이러한 디지털 트랜스포메이션은 결국 데이터라는 양식이 공급되지 못하면 그 위력을 발휘하기 어렵다.

데이터가 제대로 확보되지 못하면 인공지능의 활용이나 클라우드 컴퓨팅도 효용가치가 떨어지며, 사물인터넷이 있더라도 데이터 집적으로 연결하지 못하면 확장성이 없다. 그러기 때문에 데이터를 21세기의 원유라고 하지 않았던가.

세계 정치·경제 패권을 다투는 많은 나라들은 데이터가 모든 산업 발전과 새로운 가치 창출의 촉매 역할을 한다는 사실을 일찍이 간파하고 각종 정책을 적극 추진 중이다. 데이터가 국력이 되는 데이터 자본주의 시대Data Capitalism가 도래된 것이다. 글로벌 시장조사기관 위키본은 글로벌 빅데이터 시장 규모가 2018년 420억 달러에서 2027년에는 1,030억 달러로 연평균 10.5% 성장할 것으로 예측했다.

최근 미중 간의 무역 전쟁은 곧 기술패권 전쟁이며, 근본적으로는 데이터 확보전쟁이 이면에 자리하고 있다는 것은 주지의 사실이다. 미국은 IT 공룡기업인 GAFA(구글, 아마존, 페이스북, 애플)들이, 중국은 알리바바, 텐센트, 바이두 등의 회사들이 전세계 고객들에 대한 데이터를 수집하고 활용하고자 매진하고 있다.

한편 대부분의 나라들은 정부 차원에서 빅데이터를 국가 중요 전략자원이자 핵심요소로 인식하고 빅데이터 전략을 지원하고 있다.

미국은 빅데이터 기술 개발 촉진과 미래 환경변화에 대응코자 2016년에 '빅데이터 R&D 전략계획'을 마련하였고 이미 2,500개 이상의 데이터 브로커가 공급자와 수요자를 연결해 주고 있다.

EU는 2018년 5월 '개인정보보호규정GDPR'을 시행하여 개인정보 데이터 유통 활성화와 정보보호에 대한 신뢰를 동시에 확보하고자 하였다. 중국 또한 중앙정부와 지방정부 차원에서 데이터 거래 정책을 추진하고 있다. 특히 2015년 세계 최초로 구이양 빅데이터 거래소를 설립하고 데이터 거래 활성화 등 생태계 조성을 위해 노력하고 있다.

우리나라도 늦기는 했지만 2018년 3월 '금융분야 데이터 활용 및 정보보호 종합방안'을 마련하였다. 이후 대형 금융사뿐만 아니라 중소형 금융사, 핀테크·창업기업 등이 디지털 경쟁에 적극 참여할 수 있도록 '금융분야 빅데이터 인프라' 구축을 위한 추진 전략을 발표했다.

아울러 금융권에 축적된 양질의 데이터를 핀테크 기업이 활용할 수 있도록 하는 '빅데이터 개방시스템' 구축(신용정보원), 금융·ICT·유통업 등 다양한 분야에서 생성된 데이터가 유통될 수 있는 '금융분야 데이터거래소' 구축(금융보안원), 이종(異種) 산업 간 데이터 결합을 수행하는 '데이터전문기관'으로 금융보안원과 한국신용정보원을 지정하였다.

그러나 대규모 개인정보 유출이나 무분별한 활용은 데이터 경제로 가는 길에 큰 걸림돌이 될 수 있다.

구글의 5,250만 명 개인정보 유출 사고, 페이스북의 8,700만 명 데이터 도용, 아마존 클라우드의 약 5억4천만 건 정보 노출 등은 빅테크들에 대한 해체 논쟁까지 불러일으킨 바 있다. 아무리 혁신적인 것도 개인의 권익을 침해하거나 시장 신뢰를 잃게 되면 앞으로 나아가기 어렵다.

리서치 인 모션RIM의 짐 바실리Jim Balsillie는 빅데이터 관련 청문회에서 "빅데이터는 새로운 원유라기 보다는 새로운 플루토늄이다."라며 빅데이터를 핵물질에 비유했다. 안전하게 활용할 경우 큰 파급력을 가지지만, 악용하거나 유출하면 소비자에게 막대한 피해를 끼칠 수 있는 빅데이터의 속성을 잘 설명하였다고 할 수 있다.

디지털 혁명으로 이행함에 있어 소비자 권익보호나 데이터 보호의 출발점은 금융회사 스스로의 책임성이다. 복잡하고 고도화되는 환경에서 금융회사는 단기적 수익

추구에 편향되지 말고, 새로운 환경에 대응한 투자를 통해 자율보안 체계를 확립해 나가야 한다.

보안을 강화하는 것은 미래를 위한 투자이면서 동시에 보안 사고로 잃게 될 수 있는 천문학적 피해를 예방하는 보험이다. 아울러 금융소비자 또한 자기 정보에 대한 결정 주체로서 각종 거래 시 정보의 수집범위와 활용에 대해 확인하고 그 권리를 적극적으로 행사하는 등 자기정보 보호에 대해 관심을 기울여야 하겠다.

데이터 혁명 시대의 패권 전쟁에서는 금융회사, 정부, 소비자 그리고 인프라 기관들 모두의 노력과 국회의 전향적인 입법 지원이 곁들여져야만 그나마 낙오를 면할 수 있지 않을까.

(2019.6.24. 한국금융신문. 부분 수정)

앞으로 미래 사회는 각종 데이터의 신밀힌 결합과 이를 어떻게 분석하는지에 성패가 달려 있다. 각기 다른 분야에서 발생한 이종異種 데이터 간의 융합은 큰 시너지 효과를 발휘할 수 있다.

2020년 2월 신용정보법 개정으로 데이터전문기관 설립 및 운영 근거가 마련되었고 2020년 8월 처음으로 금융보안원과 한국신용정보원이 데이터전문기관으로 지정되었다. 데이터 결합의 첫 사례로 금융보안원은 '부산시 관광객 특성 분석'을 목적으로 카드회사의 결제 데이터와 통신사의 기지국 접속 데이터를 결합하였다. 이렇게 결합된 데이터를 분석하여 부산시에서는 관광 정책과 서비스 개발에 그 결과를 활용할 수 있었다.

신용정보법에 데이터전문기관 지정 근거가 마련되고 데이터 결합 업무를 수행하기까지, 그 이면에는 쉽지 않은 과정들이 있었다.

2016년 정부는 6개 관계부처(국무조정실, 행정자치부, 방송통신위원회, 금융위원회, 미래창조과학부, 보건복지부)와 합동으로 이종 데이터의 결합과 분석을 지원하기 위해 '개인정보 비식별 조치 가이드라인'을 발표하였다. 데이터 경제 활성화를 도모하려는 이 조치는 법에 근거를 두고 한 것이 아닌 가이드라인 형태로 추진되었다. 그러다보니 데이터 결합이 불법이라는 시민단체의 고발 등 갈등만을 양산한 채 데이터 결합은 활성화되지 못하였다.

이러한 법적 한계를 명확하게 해결하기 위해 가명정보·익명정보의 개념을 도입하고 이종 데이터 결합·분석 등 데이터 활용에 대한 법적 근거를 명확히 하는 이른바 '데이터 3법'(신용정보법, 개인정보보호법, 정보통신망법)을 2020년 2월 개정하였다. 이러한 법적 기반이 분명해짐에 따라 데이터의 활용범위를 확대하고 데이터 경제가 활성화될 수 있는 출발점이 되었다. 동시에 소비자 보호를 강화하기 위한 정보보호실태 상시평가제, 정보제공동의서 등급제 등의 제도적 보완도 이루어졌다. 그럼에도 소비자단체들은 데이터 3법 개정이 권익 보호에 역행하는 것이라며 비판을 하고 있다. 앞으로 법 운영 과정에서 이러한 우려가 사라질 수 있도록 세심한 노력이 중요하다.

'개인정보 비식별 조치 가이드라인'('16.7.1.) 발표

시민단체의 '개인정보 비식별 조치 가이드라인' 반대를 다룬 언론 기사들

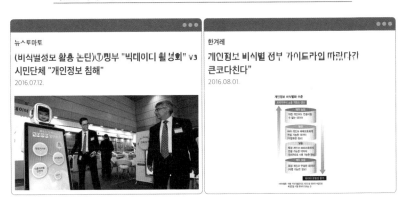

법률상 근거가 명확해지면서 합법적으로 가명정보를 결합할 수 있게 되었으나 현장에서는 법적 리스크를 여전히 우려하고 있다. 이는 추가 정보를 사용하거나 결합하지 않고서는 개인을 식별할 수 없는 가명정보에 대하여 가명처리 기법이나 경험이 많지 않기 때문에 나타나는 현상이라고 보인다. 앞으로 사례가 축적되고 가명 및 익명 처리의 기술이 더욱 발전하면서 이러한 우려는 점차 사라지고 데이터 활용 여건은 안정화될 것이라 기대된다.

개인정보·가명정보·익명정보 개념

구 분		내 용
개인정보	개인정보	· 생존하는 개인에 관한 정보로서 성명·주민등록번호·생체정보 등이 포함되어 개인을 식별할 수 있는 부호·문자·음성·음향 및 영상 등의 정보 · 해당 정보만으로는 특정 개인을 식별할 수 없더라도 다른 정보와 쉽게 결합해 개인을 특정할 수 있는 정보
	가명정보	개인정보의 일부를 삭제하거나 일부 또는 전체를 대체하는 등의 방법으로 추가정보 사용·결합 없이는 특정 개인을 식별할 수 없는 정보
익명정보		더 이상 특정 개인인 정보주체를 알아볼 수 없도록 개인정보를 처리한 정보

데이터 3법 주요내용

법률명	주요 내용
개인정보보호법	· 가명정보 개념 도입 및 동의없이 사용가능한 목적범위 구체화 · 가명정보 이용시 안전장치 및 통제수단 마련 · 개인정보 관리감독 '개인정보보호위원회'로 일원화
신용정보법	· 개인정보이용 및 데이터 결합 등 빅데이터 분석·이용의 법적 근거 명확화 · 가명정보 및 익명정보 개념 도입, 활용근거 명시 · 신용정보 관련 산업의 규제체계 선진화 · 금융분야 본인신용정보관리업(마이데이터) 산업 도입
정보통신망법	· 개인정보 보호 관련 사항은 「개인정보보호법」으로 이관 · 온라인 이용자들의 개인정보 규제 감독권 '개인정보보호위원회'로 이관

금융보안원은 금융위원회로부터 금융분야 첫 데이터전문기관으로 지정되어 금융보안과 데이터 활용, 보호의 전문성을 바탕으로 안전한 데이터 결합을 지원하고 있다. 아울러 금융데이터거래소를 함께 운영하고 있기 때문에 데이터 결합과 거래 간의 연계를 통해 이용자들은 보다 효율적으로 데이터를 활용할 수 있게 되었다.

금융위원회의 데이터전문기관 지정을 신호탄으로 각 관계 부처들은 다양한 기관을 결합전문기관으로 지정하고 있다.[51] 금융보안원은 2021년 1월 25일 데이터전문기관 포털(https://data.fsec.or.kr)을 데이터전문기관 최초로 구축하였으며, 이 시스템을 통해 결합, 비식별 처리, 적정성 평가, 사후 데이터 파기 등의 전 단계를 원스톱으로 처리할 수 있게 되었다. 앞으로 각 기업 간 데이터 결합에 대한 수요가 크게 늘어날 것이므로 정부는 데이터전문기관

---

[51] 신용정보법상 데이터전문기관이 개인정보보호법에서는 결합전문기관으로 용어를 사용한다.

지정을 점진적으로 더 늘려갈 것으로 예상된다.

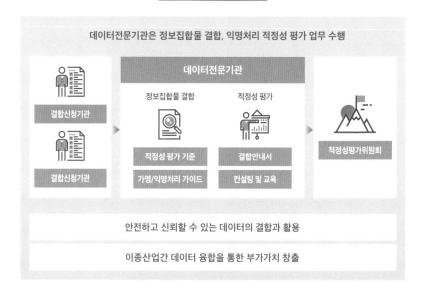

데이터전문기관 업무 소개

데이터전문기관은 정보집합물 결합, 익명처리 적정성 평가 업무 수행

안전하고 신뢰할 수 있는 데이터의 결합과 활용

이종산업간 데이터 융합을 통한 부가가치 창출

데이터전문기관(결합전문기관) 지정 현황

부처명	기관명	지정일
금융위원회	금융보안원	'20.08.06.
	신용정보원	'20.08.06.
	국세청	'20.12.22.
	금융결제원	'20.03.08.
보건복지부	건강보험심사평가원, 건강보험공단, 보건산업진흥원	'20.10.29
국토교통부	한국도로공사	'20.11.24
개인정보보호위원회	삼성SDS(*민간회사로는 최초), 통계청	'20.11.27
과학기술부	NIA(한국지능정보사회진흥원), SK(주), 더존비즈온	'21.01.10

데이터 결합 절차

데이터 결합 절차는 신용정보법과 개인정보보호법 간에 일부 차이가 있다. 신용정보법은 데이터전문기관이 결합 키 관리 및 결합 업무를 함께 수행한다. 개인정보보호법은 결합 키 관리기관(한국인터넷진흥원)과 결합을 수행하는 데이터전문기관이 분리되어 운영된다.

데이터 결합을 원하는 기관들이 가명 처리된 데이터를 전송하면 데이터 전문기관은 결합 키를 기준으로 데이터를 결합하며, 결합 이후 결합에 활용된 키는 삭제하게 된다. 결합된 데이터에 대하여는 다시 가명 또는 익명 처리를 하고 이에 대한 적정성 여부를 전문가로 구성된 적정성평가위원회에서 평가를 받은 후 적정한 평가를 받게 되면 결합을 신청한 기관에게 결합된 데이터를 제공하게 된다.

신용정보법에 따른 데이터결합 절차

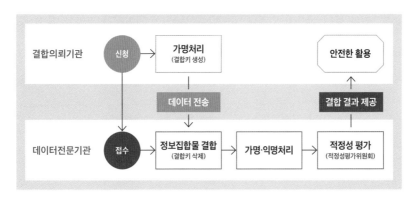

개인정보보호법에 따른 데이터결합 절차

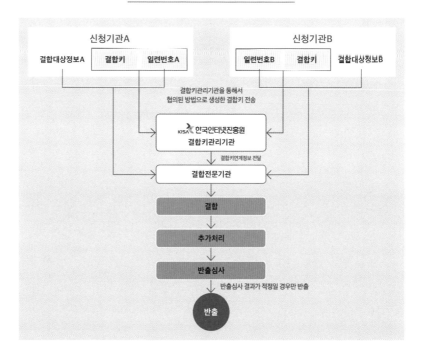

자료 : 한국인터넷진흥원 (privacy.go.kr)

그러다 보니 이용자 입장에서는 다른 분야 간 데이터를 결합할 때 둘 중 어떤 법을 우선하여 절차를 따라야하는지 혼선이 발생할 수 있다. 따라서 정부는 결합을 신청한 다수의 기관 중 금융회사(신용정보회사 등)가 포함되면 신용정보법에 따라 데이터를 결합하도록 하였다. 즉, 금융 데이터가 결합에 포함되면 금융부문 데이터전문기관을 통해 결합하도록 하였다.

결합 데이터의 활용 사례

데이터 결합은 결합하고자 하는 두 종류의 데이터 내 공통된 결합 키를 중심으로 데이터를 합치는 것이다. 결합 키는 데이터전문기관만이 관리하며 결합이 된 데이터에서는 결합 키를 삭제하고 신청 기관에게 전달된다. 따라서 결합 데이터로서는 개인을 식별할 수 없고, 또한 식별하려고 해도 안 된다. 데이터 결합을 통해 활용된 사례를 몇 가지 살펴본다.

① 부산시 관광객 특성 분석

카드사가 보유한 카드 이용정보와 통신사가 보유한 기지국 접속정보(이동정보)를 결합하여 여행·관광정보를 분석한 사례이다. 이는 부산 여행객들의 소비패턴과 모바일 이용행태가 합쳐진 것으로 금융보안원이 금융권 가명정보를 결합한 첫 사례다. 부산시는 결합 데이터 분석 결과를 정책 수립에 반영하였으며 기업은 고객의 특성별로 선호 여행지 정보를 분석하였다. 이 결합 사례 이후 부산지역 뿐만 아니라 전국 지역으로 확대하여 데이터를 결합하고 분석하는 작업이 추가로 진행되고 있다. 해당 데이터는 금융데이터 거래소에도 상품으로 등록되어 있다.

② 상권별 거주자 소비행태 분석

은행의 소득, 소비, 자산 정보와 택배사의 택배정보, 통신사의 IPTV 시청정보를 결합하여 상권별 거주지 소비행태를 분석한 사례이다. 이를 통해 소상공인은 주거지 인근 상권 마케팅 전략을 수립하는데 도움을 받고 공공기관은 소상공인 관련 정책 수립 및 행정 서비스 제공에 활용할 수 있게 되었다.

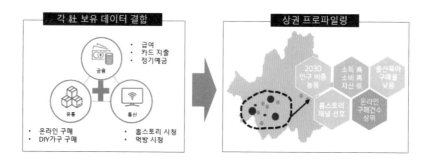

③ 소비자 온·오프라인 소비행태 분석

카드사의 카드 이용 정보와 택배사의 온라인 택배 소비 정보를 결합하여 소비자들의 온·오프라인 소비행태를 분석한 사례이다. 이를 통해 관련 정보를 제공받은 공공기관 및 지자체는 보다 실효성 있는 온·오프라인 소상공인 지원정책을 수립할 수 있게 될 것이다. 특히, 이 결합 사례는 최근 코로나19로 소상공인의 피해가 심각한 상황에서 소비자의 소비 흐름을 객관적으로 분석하였다는 점에서도 의미가 있을 것으로 보인다.

- 지역별 소비 특성
- 온/오프라인 업종 결제 정보

- 지역별 온라인 배송 정보
- 온라인 소비 품목 정보

- 온/오프라인 소비행태 분석
- 지역특화 소상공인 지원정책 활용

④ 신용평가 모델 개발

금융데이터 결합은 금융회사의 신용평가 모형 개발에 가장 많이 이용되고 있다. 무엇보다 기존에 금융 데이터 위주로만 개발되었던 신용평가 모형을 넘어 이제는 구매 이력정보와 결제정보, 개인신용정보를 결합하는 경우 모형의 적합도가 더 올라갈 수 있다. 또한 금융이력이 상대적으로 부족한 계층을 위한 데이터 결합 분석 사례도 지속적으로 증가하고 있는데, 고속도로 교통정보와 개인신용정보를 결합하여 트럭 기사에 대한 신용평가 모형을 개발하기도 하였다.

구매이력, 결제정보(간편결제) 정보

개인의 신용 관련 정보

기관 내부 신용평가 시스템 개발

데이터전문기관의 성공 여부는 이용자의 편의성, 기능의 확장성 및 데이터 결합의 안정성과 시스템 보안성이 제대로 확보되느냐에 달려 있다. 금융보안원은 데이터전문기관으로서 데이터 결합 전체 단계를 원스톱One-Stop으로 지원하는 포털을 2021년 1월 오픈하였다. 이 포털을 통해 금융회사는 결합 신청부터 데이터 송·수신, 적정성 평가 등 웹 기반 서비스를 편리하게 누릴 수 있다. 아울러 이용자는 담당자 관리 및 이력(히스토리)조회 기능을 통해 간편하게 관심 있는 데이터의 히스토리를 확인할 수 있다.

한편 데이터 결합 당사자들은 자신들의 데이터를 외부로 반출하는 것을 부담스러워 할 수도 있다. 따라서 결합 데이터를 클라우드에서 분석하고 결과만 가져갈 수 있는 '원격 분석시스템'을 구축하여 2021년 1분기에 가동하였다. 클라우드 서비스는 다양한 분석 툴과 IT 자원을 활용할 수 있는 확장성이 있기 때문에 향후에도 고품질의 분석 인프라를 제공할 수 있을 것으로 기대된다.

데이터전문기관 원격 분석시스템

데이터전문기관은 여러 군데가 운영되고 있기 때문에 기관 간에도 어느 정도 경쟁이 이루어질 것이다. 그런 면에서 금융보안원이 갖고 있는 시스템 침해여부에 대한 보안관제, 데이터 암호화 송수신 등의 장점과 노하우를 최대한 데이터전문기관 운영에 포함하였다

데이터전문기관 포털(https://data.fsec.or.kr)

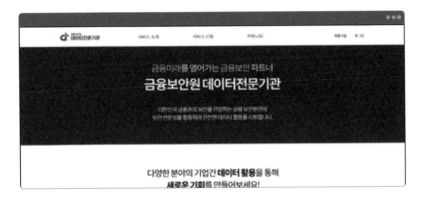

데이터 이용자들은 데이터를 활용함에 있어 발생할지 모르는 법적 리스크를 가장 우려한다. 그런 면에서 금융보안원 데이터전문기관은 가명정보를 저장·접근통제·파기해야 하는 업무를 대신 책임지고 처리해주기 때문에 가명정보 이용에 따른 컴플라이언스Compliance(법규준수) 이슈를 해결해주며 이용자 편의성을 높여준다. 특히 그간 스타트업·핀테크 기업 등 소규모 기업은 대기업이 가명정보를 요구할 경우 데이터 유출 가능성 및 법적 리스크 등의 사유로 정보 제공에 소극적인 경향이 있었다. 그러나 데이터전문기관이 제공하는 분석시스템을 이용하여 우려했던 문제를 해결할 수 있을 뿐더러 정

보가 안전하게 활용될 수 있다는 신뢰를 가질 수 있다.

금융데이터거래소의 성장

2020년 5월 금융데이터거래소 출범 당시 금융권은 데이터 유통의 불모지나 다름 없었다. 물론, 일부 카드사가 개별기업 차원에서 데이터 거래를 하고 있었으나 대부분 금융회사들은 데이터 유통에 대한 관심이 저조하였고 데이터 유통에 대한 참여 의지도 크지 않았다. 금융권은 2014년 초 발생했던 카드사 개인정보 대량유출사건 이후 데이터의 활용보다는 보호에 치중하여 왔다.

그러나 빅데이터가 데이터 경제 시대에 국가의 핵심성장동력으로 자리매김하고 2020년 2월 데이터 3법 개정을 통해 개인정보 보호를 강화하면서도 가명정보의 개념과 활용의 근거가 마련되는 등 데이터 경제 활성화의 길이 열렸다.

금융데이터거래소는 데이터 경제의 중요성이 점차 부각되고 신용정보법 개정이 추진되면서 이에 발맞춰 데이터 유통시장을 활성화시키고 금융권 데이터 생태계를 조성하기 위한 금융데이터 중개 플랫폼으로 설계되었다. 데이터 검색, 계약, 결제, 분석 등 유통에 필요한 전 과정이 원스톱One-Stop으로 지원되기 때문에 수요자는 원하는 데이터나 제공 형태 등을 공급자에게 직접 요청할 수 있다. 데이터 수요자는 별도의 연락 수단을 이용하지 않고 거래소 시스템만으로 데이터 거래를 수월하게 진행할 수 있다.

아울러 금융데이터거래소는 금융 분야 데이터와 통신, 유통 등 타 산업 분야의 데이터가 함께 거래되어 시너지가 나타날 수 있도록 통신, 유통, 여행 등의 기업도 참여가 가능한 개방형 모델이다. 또한 이 모든 과정에서 금융데이터거래소는 안전한 데이터 유통이 이루어 질 수 있도록 보안성이 높은 거래 시스템을 구현하였다.

금융데이터거래소 거래 절차 예시

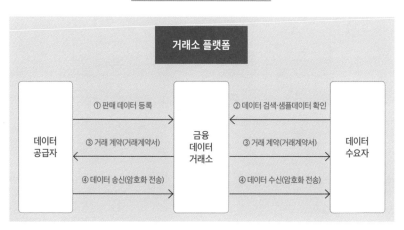

금융데이터거래소를 이용하는 데이터 수요자는 금융회사뿐만 아니라 유통·제조·정보통신 기업, 공공기관, 연구소, 학계 등으로 폭넓게 늘어나고 있다. 금융데이터거래소 참가기관이 증가하고 등록 상품도 금융회사 데이터뿐만 아니라 부동산, 유통, 온라인쇼핑, 에너지 관련 데이터로 확장되는 등 데이터 유통시장이 활발히 조성되고 있다. 그러나 아직은 초기 시장 형성

수준에 불과하며 더욱 저변을 확장해나가야 한다.

금융데이터거래소 회원사 현황('21.3.9. 기준)

분류		회원사 수	분류	회원사 수
금융 (50개사)	은행	13	핀테크	11
	카드	8	정보통신	2
	증권	9	유통	1
			컨설팅	10
	보험	6	보안	4
	신용정보	6	에너지	1
			포털	1
	기타	8	빅데이터	8
	계	50	기타	9
			계	47
총계			97	

금융데이터거래소 데이터 등록 및 거래 현황('21.3.9. 기준)

분류	현재	
데이터 등록 현황	무료	54개
	유료	515개
누적 거래량	1,302건	
거래금액	약 10.5억원	

샌드박스(Sandbox)형 원격분석 환경, 이용자 편의성 제고

금융데이터거래소에서는 데이터를 외부로 반출하지 않은 상태에서 거래소 분석 시스템에서 데이터를 분석한 후 그 분석결과만을 반출하고 원본 데이터는 폐기할 수 있는 샌드박스Sandbox(위험 상황으로부터 안전하게 활동하기 위한 보호된 영역) 형태의 원격 분석환경을 제공하고 있다. 원격 분석환경을 이용하면 데이터 공급자는 원본 데이터의 대외 유출 우려 없이 데이터 유통에 적극적으로 나설 수 있다. 데이터 수요자는 자체 데이터 분석환경을 구축하지 않고도 데이터를 저렴하게 활용할 수 있다는 장점이 있다.

또한 금융데이터거래소는 이용자 편의성을 높이기 위해 검색어 추천 기능을 제공하고 상품에 대한 다양한 정보를 한눈에 파악할 수 있는 UXUser Experience(사용자 경험)를 제공하고 있다. 아울러, 데이터 수요자는 원하는 데이터가 금융데이터거래소에 없더라도 이를 공급 기업에 요청할 수 있도록 한 '맞춤형 데이터 거래' 기능을 이용하여 필요한 데이터를 신속하게 확보할 수 있다. 데이터 공급 기업은 개별 기업 별로 데이터 상품 전반을 관리할 수 있는 전용 사이트 관리환경을 통해 거래 상황(기업별 상품 등록 및 거래 현황 확인, 데이터 구매 요청 협의)을 한눈에 확인할 수 있다.

원격분석환경 전용 상품과 다운로드형 상품

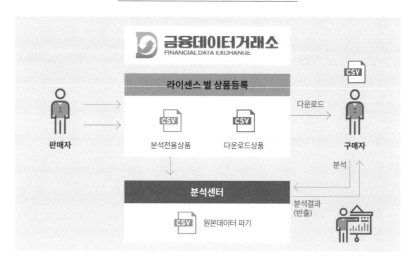

공급자의 거래 상황 확인을 위한 전용 사이트

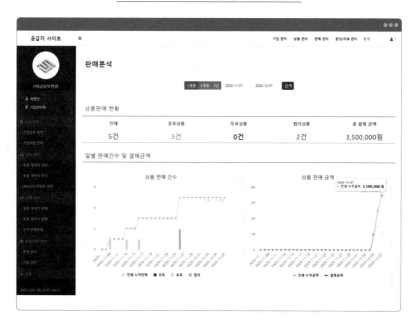

24·365 보안 이야기
The Other Side of Innovation

금융데이터거래소와 데이터전문기관의 연계

금융데이터거래소는 데이터상품을 결합하여 거래할 수 있도록 데이터전문기관과 상호 유기적으로 연계하는 기능을 제공할 것이다. 데이터 수요자는 금융데이터거래소에 등록된 데이터 상품을 검색·선택하여 데이터를 결합한 후 이를 거래하는 과정을 원스톱으로 진행할 수 있다. 이렇게 될 경우 데이터 거래 시장은 과거 공급자 주도에서 수요자 중심으로 전환될 것이며, 데이터의 결합과 활용 또한 더욱 활발해질 것이다.

데이터 거래 활성화를 위한 과제

지금까지 데이터 유통을 위한 초기 인프라 구축에 노력해 왔으나 아직 가야 할 길은 멀다. 데이터 유통 주체별로 다음과 같은 과제를 생각해 볼 수 있다.

첫째, 데이터거래소 시스템은 데이터 수요자와 공급자가 쉽게 접근하고 데이터 유통·결합·분석을 원스톱으로 제공받을 수 있는 종합 플랫폼으로 차질 없이 발전시켜 나가야 한다. 특히 소프트웨어 측면에서 좋은 데이터셋이 공급되고 인공지능 기술 등 고도화된 분석 도구를 제공할 수 있어야 한다.

둘째, 수요자와 공급자의 니즈에 적합하게 데이터를 규격화·표준화하는 노력이 지속되어야 한다. 이는 비단 금융권만의 문제는 아니다. 규격화,

표준화가 제대로 이루어져야 데이터 거래도 더 활발해지고 분석도 용이해진다.

셋째, 데이터 거래 가격은 합리적으로 산정하도록 가격 산정 기준을 좀 더 구체화하여 정립할 필요가 있다. 여전히 유료 거래가 적은 것은 초기 시장 조성 단계에서는 그럴 수 있으나, 앞으로는 합리적 가격을 기준으로 투명하고 객관적인 거래가 활발하게 이루어져야 데이터 판매자의 적극적인 참여가 늘어날 것이다.

마지막으로, 당사자 간 직접적인 장외 거래를 데이터거래소를 통한 장내 거래로 전환할 수 있는 제도적 보완이 이루어져야 한다. 지금은 거래소를 통하지 않고 당사자 간에 직접적인 거래도 할 수 있다. 거래소를 통해 데이터를 검색한 후 당사자들 간에 거래를 하더라도 이를 제어할 방법이 없다. 그러나 직접 거래 시 데이터 보호·보안이나 거래의 공정성·투명성 문제가 발생할 수 있다. 장내 거래로 유도하기 위해서 정부에서 지원하는 데이터 바우처를 금융데이터거래소에서 사용할 수 있도록 정부의 제도적 지원이 필요할 것으로 보인다.

11

마이데이터 산업,
보안은 괜찮을까?

마이데이터 서비스 기반이 조성되고 있다

2021년 2월부터 실제 사업이 시작된 마이데이터(본인신용정보관리업)는 ① 정보주체인 고객이 개인신용정보 전송을 금융회사 등에 요청하면 금융회사가 해당 고객임을 확인 후, ② 고객의 개인신용정보를 마이데이터 사업자에게 제공하고, ③ 마이데이터 사업자는 이를 가공, 분석하여 개인자산관리 등의 서비스를 고객에게 제공하게 된다. 이 과정에서 고객임을 확인하는 절차, 개인신용정보 제공 범위, 데이터 전송 규격API, 상호인증·암호화 등 보안기준과 절차 등에 대해서는 일정한 규격화가 필요하다. 또한 정보주체인 개인들이 가입 서비스 현황 및 동의 현황을 검색할 수 있도록 종합포털의 운영과 같은 대국민 서비스도 필요하다.[52]

금융보안원과 신용정보원은 신용정보법령에 따른 마이데이터 업무지원 기관으로서 이와 같은 마이데이터 서비스가 원활하게 추진될 수 있도록 기반을 조성하고 있다. 양 기관은 2019년 4월부터 금융위원회 주관 하에 금융회사, 핀테크 기업, 중계기관 등이 참여하는 데이터 표준 API 위킹그룹을 운영하여 마이데이터가 금융 분야에서 조속히 정착될 수 있도록 표준 규격을 마련하였다.

마이데이터 시장에는 금융회사와 핀테크 기업, 빅테크 기업이 함께 경쟁할 것이다. 데이터 분석 능력을 기초로 소비자들에게 어떻게 선택받을 것인지에 따라 우리 금융 산업에 또 다른 큰 변화를 몰고 올 가능성이 크다. 아직은 우려와 기대가 교차하고 있는 상황으로 실제 시행이 되어봐야 어떤 모양의 변화가 발생할 것인지 알 수 있겠지만 분명히 큰 바람이 불고 있다.

마이데이터 서비스 제공 절차

---

52   데이터 송수신을 위한 API 시스템 구축 일정 등 제반 사정을 감안하면 완전한 형태의 마이데이터 사업은 2021년 8월부터 본격화될 것으로 보인다.

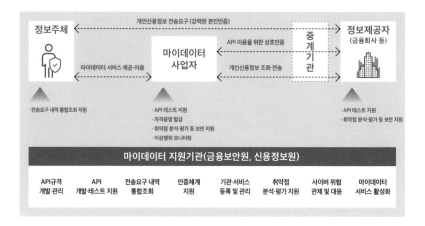

마이데이터 전달 방식

각종 연구기관이나 금융회사들이 예상하는 마이데이터 산업 도입에 따른 금융시장에서의 예상 변화를 보면 다음과 같다.[53]

첫째, 초기에는 기존 금융회사들의 고객 기반이 약화되면서 빅테크 기업 또는 그 자회사가 시장을 선도하며 다수 가입자를 흡수할 것으로 예상된다.

둘째, 금융회사의 리테일 영업이 다양한 데이터 분석과 인공지능 활용을 통한 초개인화 맞춤형 자산관리 중심으로 이동할 것으로 예상된다. 은행 상품은 비교 경쟁우위가 하락하고 대신 자본시장 상품을 취급하는 투자 자문•일임 산업이 활발해지고, 이 외에도 수수료 수익을 목적으로 한 개인 사업자와 B2B 대상의 다양한 사업으로 확장할 것으로 보인다.

---

53 금융연구원, <마이데이터, 종합지급결제업 도입의 파급효과>, 금융브리프 30권 01호; 하나금융연구소, <금융분야 마이데이터 시행과 과제>, 하나금융포커스 이슈분석 제10권 23호 등

셋째, 전통 금융회사의 플랫폼 의존도가 점차 증대되고 채널 전략의 변화가 수반될 것이다. 이 과정에서 금융시장의 경쟁이 심화되면서 수익성 악화, 플랫폼의 시장지배력 남용, 운영 리스크 증가 등이 예상된다. 이러한 변화는 여러 가지 새로운 서비스의 등장, 금융 산업에의 영향과 함께 금융 업종별로 다르게 나타날 것이다.

마이데이터 제도 도입에 따른 영향

구분	영향
새로운 서비스의 등장	· 본인 데이터의 통합조회 · 소비패턴·재무현황·위험성향 분석 · 맞춤형 금융상품 정보 제공
금융산업에 미치는 영향	· 금융기관 간 경쟁 촉진 · 데이터 종합 분석을 통한 혁신적 금융상품 개발 · 산업 전반의 효율성 제고 및 비용 절감
금융투자업에 미치는 영향	· (제조) 맞춤형 금융상품 활성화 및 대형 금융기관에 대한 판매 의존도 감소 · (판매) 판매채널 간 경쟁 확대 · (중개) 개방형 혁신 필요성 부각 · (투자일임·자문) 중대한 위협이자 새로운 기회로 작용 · (전 분야) 마이데이터 사업자와 전략적 제휴 확대

자료 : <국내외 마이데이터 도입 현황 및 시사점>(권민경, 자본시장연구원 이슈보고서 19-02)

한편, 과기정통부 등에 따르면 국내 데이터산업 시장규모는 2020년 19조원에서 마이데이터시장 개막으로 2023년에는 10조원이 더 성장하여 30조원 규모에 이를 것으로 보고 있다.

마이데이터 산업, 보안은 괜찮을까?

기존 금융회사들이나 당국에서는 여러 마이데이터 사업자가 등장하면서 개인 정보 관리 등 보안 문제는 없는지 우려를 한다. 금융보안원은 주로 기술적인 분야의 규격화(API 기반의 전송규격화, 고객 확인을 위한 인증방법 및 절차, 보안 기준 마련 등)를 담당하고 있다. 마이데이터 서비스가 본격적으로 시행되는 2021년 8월부터는 개정 신용정보법에 따라 마이데이터 사업자는 그간 보안 상 우려되었던 스크래핑Scraping(고객의 인증정보를 이용해 특정 금융사나 공공기관, 정부 사이트의 개인 정보 중 필요한 정보를 자동으로 추출하여 제공하는 것) 방식으로는 개인신용정보를 수집할 수 없으며 별도로 정의된 표준화된 안전한 API 방식을 활용하여야 한다. 이를 위해 금융보안원은 금융당국, 금융회사 및 핀테크 업권 간의 논의를 통해 모든 금융회사와 마이데이터 사업자 간 안전하고 표준화된 방식으로 개인신용정보를 전송할 수 있는 「금융분야 마이데이터 표준API 규격」을 개발하였다.

마이데이터 API 규격

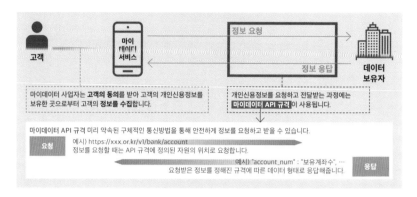

마이데이터 표준 API 규격에 따라 관련 시스템을 구축하는 모든 기관은 스크래핑 없이도 개인신용정보를 안전하게 전송할 수 있다. 마이데이터 표준 API 규격은 개인신용정보 전송요구를 위한 정보전송API, 본인확인을 위한 인증API, 마이데이터 정보포털(신용정보원이 운영)과의 연계를 위한 지원 API 등으로 구성되며 업권 의견, 신용정보법 개정에 따른 전송요구 범위 변경 등에 맞추어 지속적으로 보완할 것이다.

한편 2021년 8월부터 스크래핑이 금지됨에 따라 금융회사, 마이데이터 사업자들은 서비스가 시행되는 그 전까지 모두 표준API 규격에 따라 시스템 개발을 완료해야 한다. 따라서 동일한 API 규격에 따라 다수의 기관이 시스템개발을 완료하여 상호연동을 해야 하는 상황으로 규격에 맞게 개발되고 있는지를 검증하고 상호 연동성 등을 충분히 테스트 해 보아야 한다. 이를 위해 금융보안원은 개발 결과물의 규격과 관련한 오류 등을 검증할 수 있는 테스트베드를 구축하여 2021년 3월 말 오픈하였다.

금융분야 마이데이터 테스트베드

마이데이터 사업자	금융회사	예비 창업자
①②③④제공	①②③제공	①제공

필요 지원기능을 맞춤형으로 지원

금융분야 마이데이터 테스트 베드(developers.mydatakorea.org)

① API 규격 정보제공	② 개발 지원	③ 테스트 지원	④ 기능 적합성 심사

금융보안원은 개인신용정보 전송요구 시 고객을 안전하고 효과적으로 식별할 수 있는 방법과 절차, 마이데이터 서비스에 참여하는 금융회사 및 마이데이터 사업자의 보안 요구사항 등을 마련하였고 이를 반영한 관련 내용은 마이데이터 기술 가이드라인을 개발하여 금융회사의 마이데이터 사업자 등에게 제공하였다.

신용정보원은 업권별 협의를 통해 정보제공 전송범위를 마련하는 역할을 하고 있다. 신용정보법 시행령에 따른 범위 내에서 세부적인 전송데이터의 범위, 형식 등을 정의하는 것이다.

마이데이터 사업자가 개인신용정보를 보유하고 있는 금융회사에 특정 고객의 개인신용정보 전송을 요구할 경우, 고객의 명시적인 요청이 아닌 정기적인 업데이트를 위한 정보에 대해서는 수수료 부과가 가능하다.

신용정보원에서는 개인신용정보 전송서비스에 대하여 수수료를 부과한 전례가 없는 만큼 서비스 시행단계부터 적용하기보다는 서비스 시행 후 충분한 기간 동안 관련 데이터를 축적하여 이를 기반으로 수수료 체계를 마련할 예정이다.

신용정보원은 고객의 서비스 이용내역, 전송요구 동의내역을 제공하는 마이데이터 종합포털을 구축하여 운영할 예정이다.

마이데이터 서비스의 보안은 필수

마이데이터 시대에는 대량의 개인신용정보가 여러 마이데이터 사업자에 집중되어 고객만을 위한 개인화된 서비스 제공이 가능해지는 시대이다. 그러다보니 마이데이터사업자 한 곳이라도 고객 데이터를 소홀히 관리할 경우 한 순간 수백만, 수천만 명의 소중한 개인신용정보가 유출되는 사고로도 이어질 수 있다.[54]

물론 금융당국에서도 철저한 보안 심사를 하고 있고, 100만 명 이상의 고객을 보유한 마이데이터 사업자는 금융보안원의 보안관제를 필수로 적용해야하는 등 안전성을 확보하기 위한 여러 조치도 마련되어 있다. 그러나 마이데이터 사업자는 관리적·기술적·물리적 보호대책과 함께 자발적인 노력

---

54   여러 마이데이터 사업자에 고객 데이터가 다량으로 보관되고 관리됨에 따라 그만큼 정보(데이터) 유출 우려는 커진다. 당국에서는 이를 의식, 소비자가 선택할 수 있는 마이데이터 사업자 수를 제한한다던가, 개인이 자신의 데이터를 다운로드 받아 필요한 곳으로 전송하는 PDS(Personal Data Store) 방식 등을 고려하고, 소비자가 사업자 간 이동 시 기존 거래 사업자에 대해서는 정보삭제요구권을 적극적으로 행사하게 하는 방안 등을 검토하고 있다. 다만 이러한 논의가 소비자의 선택권을 제약하지 않으면서 소비자에게 과도한 부담을 주는 방향이 되어서는 곤란할 것으로 보인다.

이 없으면 이러한 조치는 물거품이 될 것이다. 보안에 대한 인식 제고와 더불어 보안 수준을 지속적으로 높이기 위한 투자가 절대적으로 필요한 시점이다. 또한 정보주체인 고객은 꼭 필요한 금융 수요에 맞추어 전송요구권을 행사하고 보안이 우수한 마이데이터 사업자가 시장에서 인정받을 수 있도록 관심과 격려도 필요하다.

당국은 초기 마이데이터 사업자의 영업에 대하여 감독의 강도와 범위를 신중하게 검토할 것으로 보인다. 시장의 효율성을 위한 경쟁 촉진과 아울러 시장 질서를 유지하면서도 소비자 권익을 보호해야 하는 보안의 가치도 소홀히 할 수 없다.

12

포스트 코로나 시대 금융보안의 미래

금융의 디지털 전환과 테크핀

2021년에 접어들며 모든 금융 그룹 및 금융사들은 하나같이 디지털 혁신만이 살 길이라고 외치고 있다. 조직을 디지털 전환에 맞추어 정비하고 전문 인력을 영입하고 심지어 그룹 회장이 직접 디지털 혁신을 진두지휘하고 있다. 골드만삭스가 그랬던 것처럼 금융그룹과 금융회사들은 더 이상 금융회사가 아닌 데이터 기반 정보회사로 변모하려고 애를 쓰고 있다. 신한은행은 디지털 정보에 대한 이해와 표현 능력을 의미하는 디지털 리터러시Digital literacy를 기반으로 디지털 컴퍼니를 부르짖고, KB국민은행도 디지털 플랫폼 혁신을 주창하고 있다. 하나금융도 은행이 데이터 기반 정보회사로 거듭나야 한다고 하면서 아시아 지급결제허브의 비전을 제시하였고, 우리금융도 회장이 디지털혁신 위원장을 맡아 전 그룹 차원의 디지털 퍼스트 전략을 추진하는 등 금융회사라면 디지털 전환에 예외가 없는 흐름을 보이고 있다.

여기에 2020년 초부터 몰아닥친 코로나19 상황은 세상을 아에 비대면 온라인 환경으로 가속화시키고 있다. 문제는 직장과 학교, 일상생활의 모든 영역에서 디지털 중심으로 변모해가는 환경이 일시적 현상이 아니라 고착화되는 흐름으로 굳어지고 있다는 것이다.

특히 지급결제 산업을 중심으로 크나큰 변화가 몰아치고 있다. 현재 국회에 발의된 전자금융거래법 개정안에는 은행이 아니더라도 결제를 지시하거나 결제계좌를 보유할 수 있도록 하는 지급지시전달업, 종합지급결제사업자 도입 등 금융업 영업방식을 획기적으로 바꾸어놓을 내용이 포함되어 있다. 금융플랫폼이 확장하면서 이에 대한 소비자 보호 등 공정성과 투명성을 확보하기 위한 여러 가지 규제 장치도 새로이 마련코자 하고 있다. 외국 빅테크에 대한 규율 체계도 만든다. 2019년 12월 정식 가동을 시작한 오픈뱅킹으로 인해 우리는 이제 하나의 앱 만으로 모든 은행의 계좌 조회, 결제, 송금 업무를 처리할 수 있게 되었으며 참가대상 금융회사는 보험, 카드회사, 저축은행 등 모든 금융권으로 확대되어 가고 있다.

인공지능과 블록체인, 클라우드 컴퓨팅 등의 신기술은 금융서비스와 업무 프로세스에 접목되면서 우리의 금융 생활을 지속적으로 바꾸어 놓게 될 것이다. 시장 경쟁 구도의 변화와 비금융과 금융 간의 경계가 허물어지는 빅블러Big Blur 현상도 일상화되면서 금융시스템 안정성 이슈도 새로운 형태로 제기될 것이다.

보는 것이 상빛은 아니다. 기술이 과도하게 흐름을 주도되면서 오히려 인간 본성을 찾고, 포용 금융을 외치는 흐름 또한 함께 자라나고 중요해질 것이다. 어떤 변화이던지 보안 측면에서는 이러한 변화들이 모두 새로운 숙제로 다가오고 있다.

급변하는 금융보안 환경

2020년 초부터 코로나19 상황으로 온 세계가 힘들어하고 있을 때 사이버 공격자들은 오히려 이를 악용한 위협 공격을 가하였다. 사람들의 취약한 심리 상태를 이용한 사회공학적 공격은 물론, 새로운 랜섬웨어나 디도스 공격도 더욱 기승을 부렸다.

빅테크와 핀테크 업체의 금융업 영위는 이제 전통 금융회사를 충분히 위협하고도 남는다. 금융상품 판매 채널이 기술 중심의 플랫폼으로 점차 기울면서 금융상품의 제조와 판매가 분리되고 있다. 소비자들은 냉정하다. 얼마만큼 내게 편의성과 수익성을 안겨 주느냐에 따라 소비자들의 마음은 조변석개하고 있다. 빅테크, 핀테크에 대해서도 '동일기능 동일규제' 원칙을 적용하는 것이 옳겠지만 혁신과 규제 간의 적정한 균형점을 마련해야 하는 당국의 고민은 더 깊어지고 세밀해져야만 한다. 때로는 미래 지향적인 정책

리더십도 요구될 것이다.

2021년에 접어들면서 인공지능 챗봇 '이루다'가 사업을 접는 상황은 인공지능 기술과 실제 운용 간 간극이 크며 해결해야 할 이슈가 많다는 점을 여실히 보여주었다. 이미 2016년에 마이크로소프트에서 만들었던 챗봇 '테이'가 부적절한 데이터 학습으로 잘못된 결과를 내어놓게 되자 출시 16시간 만에 중단한 사례도 있었다. 인공지능 기술과 알고리즘 자체가 내포하고 있는 한계나 문제점, 학습 데이터의 공정성, 편향성 등을 제대로 검증하지 않으면 또 다른 '이루다' 사례는 계속 발생할 수밖에 없다.

자료 : 파이낸셜 뉴스, 2021.1.11.

인공지능과 관련한 보안 위협 이슈

　인공지능 기술은 최근 몇 년간 금융권에서 챗봇, 로보어드바이저, 시장 예측, 신용평가, 포트폴리오 설계, 이상거래 탐지 등에 폭넓게 사용되어 왔고 일정 부분 그 성과를 거두고 있다. 그 동안은 주로 기술 도입의 부작용보다는 활용 가능성 및 성능에 대해서 주목해 왔다. 그러나 인공지능 모델이 빅데이터를 기반으로 학습한다는 점과, 향후 더욱 그 활용 범위가 확대된다는 점을 감안할 때 인공지능의 보안 위협과 그 대응방안에 대하여도 실질적인 고려가 필요하다. 금융권의 인공지능 활용 사례별로 발생 가능한 보안 위협의 예시는 표와 같다.

[금융권 AI 활용 사례별 발생 가능한 위협]

AI 활용 사례	발생 가능한 위협
뉴스 및 소셜미디어에서의 정보를 이용한 거래 예측	오류가 있는 정보를 만들어서 모델의 예측 조작
지난 거래를 통한 시장 예측	시장 예측 시스템 공격으로 인한 손실 초래
고객 데이터 기반 신용평가	적대적 예제 생성을 통한 신용 조작
포트폴리오 설계	항목 추천 시스템 공격으로 인한 손실 발생
고객 거래 이상 탐지	탐지 시스템을 피할 수 있는 악의적인 거래 생성
금융 문서 인식 /입력	문서 인식 / 입력 오류

　인공지능의 개발 단계는 Get Data(데이터 수집), Prepare Data(데이터 전처리), Train Model(모델 학습), Model Testing(모델 테스트), Deploy Model(모델 배치) 등 다섯 단계로 이루어진다. 이러한 단계별로 고의적이든, 고의적이 아니든 다양한 공격 유형이 존재하며 이를 제대로 고려하지 않으면 인공지능을 활용한 서비스는 다양한

문제를 유발하게 된다. 단계별 공격 유형으로 생각해 볼 수 있는 것들은 지금까지 드러난 것만 해도 적지 않다.

[인공지능 개발 단계별 공격 유형]

개발 단계	공격 유형	공격 설명
Get data (데이터 수집)	Model Inversion	모델의 학습데이터를 복구
Train Model (모델 학습)	Poisoning Attack	모델의 학습 데이터를 오염시켜 모델의 성능 저하 초래
Model Testing (모델 테스트)	Evasion Attack	모델을 속일 수 있는 적대적 예제 생성
Deploy Model (모델 배치)	Model Extraction	모델의 정보를 탈취

이러한 다양한 공격들로부터 인공지능 기술의 안전성을 확보하기 위해서는 인공지능 모델의 종류 및 구조, 인공지능 기술의 적용 방식 등에 따라 세분화해 인공지능 기술 검증 방안을 마련하여 시행해 나갈 필요가 있다. 또한 인공지능 기술 자체에 대한 취약점 검증 이외에도 학습 데이터에 대한 편향성 및 공정성, 개인정보보호 조치 등에 대한 검증도 함께 이루어져야 할 것이다.

그동안 인공지능 기술에 대한 문제는 주로 머신러닝 알고리즘의 정확도나 효율성에 초점을 두고 진행되어 왔으나, 이제는 인공지능 개발 단계별로 취약점을 이용한 공격 가능성에도 관심을 기울일 필요가 있다.[55] 인공지능이 내포하고 있는 취약점은 곧 보안 상 취약점이다.

---

55   "인공지능(AI) 기술의 보안 위협 및 대응방안", 전자금융과 금융보안 제23호, 2021-1Q 참고

금융보안을 위한 과제

개방적 금융플랫폼 시대에 신기술의 접목이 활발해지고 시장의 플레이어가 늘어나면 필연적으로 보안 위협 요소가 늘어나게 된다. 금융은 신뢰를 바탕으로 존재한다. 그렇기 때문에 보안은 우리 금융 산업의 미래를 담보하는 길이다. 다가오는 미래 금융을 위한 보안 측면의 과제에 대해 몇 가지 제언을 드리고자 한다.

첫째, 금융보안과 관련한 거버넌스가 실질적으로 기능을 다할 수 있도록 구체적 노력이 필요하다. 현재 국회에 계류 중인 전자금융거래법 개정안에서는 보안 거버넌스 확립을 위해 금융보안의 최종 책임을 금융회사의 이사회가 갖도록 하고, 현재의 정보보호최고책임자CISO를 금융보안책임자로 명칭을 변경하면서 그 지정 요건, 자격, 역할 등을 명문화하고 있다. 이에 더하여 실질적으로 기능을 다할 수 있도록 거버넌스와 관련한 구체적인 실행 방안 마련이 중요하다.

이번 개정안에 대하여 일선 CISO들은 이사회 보고 의무 등 부담은 늘어나는 반면 실질적인 위상이 강화되는 것은 부족하다는 반응이다. 이사회에 보안 전문가를 구성원으로 포함하던가, 이사회 내 소위원회로 기술위원회를 운영하면서 외부 전문가를 활용하는 방안 등의 실질적 노력이 필요하다. 이들은 디지털 혁신과 보안을 균형 있게 고려하고 전사적 관점의 보안 리스크를 점검할 책임이 있다. 아울러 고도의 전문성이 필요한 금융보안책임자에 대하여 법령상 명시까지는 어렵더라도 인사 운영 관행 상 임기를 보장하고 보다 장기 근무를 장려함으로써 실질적 위상을 강화할 필요가 있다.

둘째, 금융보안은 문화로 자리 잡아야만 한다. 보안 인재를 양성하고 현장에서 보안 수칙을 지키는 것은 결국 사람이다. 기술적 투자 못지않게 사람에 대하여 투자하여 전문 인력을 양성하고 지속적으로 교육을 해야 한다. 또한 일선 부서, 정보보호 부서, 내부감사 부서에 걸쳐 보안 준수와 그 점검이 체계적으로 이루어지는 다층적 보안 체계가 실질적으로 작동되어야 한다. 보안에 대한 준수와 인식은 경영진들의 솔선수범이 가장 중요하다. 보안에 대한 최종 책임은 최고경영자 및 이사회에 있다는 점이 회사 조직 운영과정에 실질적으로 반영되고 이행되어야 한다.

셋째, 보안에 대한 투자도 혁신 투자 못지 않게 이루어지도록 여러 제도적 장치를 보완해야 한다. 557 규정이 사라지면서 핀테크 업체 등 금융업을 영위하는 중소규모 업체들의 보안 수준에 대해 우려가 많다. 실제로 기존 금융회사들은 핀테크 업체들의 보안과 컴플라이언스 수준에 대하여 걱정을 많이 한다. 혹여나 오픈 뱅킹 및 마이데이터 사업자로 참여한 핀테크 업체의 보안에 문제가 생겨 정보가 유출되는 경우 많은 정보는 그 원천이 금융회사에서 공유한 정보다. 개방성이 확대될수록 초연결의 부작용은 더 커진다. 이들에 대하여도 보안에 투자할 수 있도록 일정 부분 시장의 신뢰를 얻을 때까지는 감독의 강도를 높여야 한다. 557 규정이 폐지되고 자율보안 책임을 강화한 취지를 살릴 수 있게 실질적이고도 충분한 투자가 이루어질 수 있도록 유도해야 한다. 금융회사 경영실태평가에 보안 투자 항목을 비중 있게 반영하는 방안과, 금융당국이 고려중인 금융보안실태 평가제도에 이를 포함하는 방안을 고려해야 한다. 금융보안실태 평가제도에는 성량적 보안투자 외에도 비징량적 요소, 즉 회사 내에서의 보안책임자 임기 보장과 위상, 보안 문화, 경영진의 보안에 대한 관심과 인식 수준 등의 요소가 제대로 평가됨으로써 인센티브로 작용할 수 있어야 한다.

　마지막으로, 급격히 발전하는 신기술이 안전하게 적용될 수 있도록 제도적으로 충실히 지원할 필요가 있다. 인공지능 기술의 금융서비스 접목은 계속 늘어날 것이다. 따라서 서비스 개발, 검증, 운용 단계에서 인공지능 알고리즘의 취약성이나 데이터의 공정성, 편향성에 대하여 검증하는 과정이 필요하다. 마침 금융위원회가 2021년 업무계획에서 금융 분야 AI 운영 가이드라인을 마련할 계획을 밝혔다. 가이드라인이 실효성 있게 작동하려면 그 세부 운영기준도 중요하다. 어떻게 윤리적 이슈를 충족할지, 데이터의 공정성과 편향성을 어떻게 검증할지 등에 대한 구체적인 프로세스와 기준이 마련되고 제시될 필요가 있다.

　인공지능 외에도 클라우드 컴퓨팅 확산에 따라 보안의 관점도 과거 전산 기기나 시스템 등 자원에 대한 보호에서 이제는 데이터 보호로 그 중심이 이동하고 있다. 금융회사들의 클라우드 이용은 지속적으로 확대되고 늘어날 것이다. 클라우드 환경 하에서 새로운 보안 위협과 클라우드 이용에 따른 서비스의 안정성을 어떻게 확보할지도 지속적인 관심사이다. 블록체인이나 사물인터넷IoT과 같은 기술도 금융 업무에 접목이 늘어날 것이며 보안에 대한 문제는 늘 수반될 것이다. 지금 이 순간에도 보안은 잠들지 않는다. 보안은 금융의 미래를 지키는 첨병이며 등불이다.

13

금융보안은
인재가 좌우한다

내가 만난 인재들

필자는 3년 전 금융보안원에 몸을 담고 직원들을 만나면서 새로운 경험을 했다. 필자가 37년간 다녔던 직장인 한국은행과 금융감독원에서는 직원들의 출신 학교가 이른바 명문 대학이 주류였고, 전공도 경제, 경영, 법학이 절대적 비중을 차지했다. 금감원의 경우 변호사가 백 명을 넘고 약 1/4의 직원이 공인회계사로 구성되어 있다.

금융보안원은 정보보호 전담 기관이면서 약 80%의 직원들이 정보보호와 IT 전공자들로 구성되어 있다. 한 부서 인원이 25명이면 출신 대학의 숫자가 거의 20개 정도에 이를 정도로 다양하다. 직원 평균연령이 35세에 미치지 않는 매우 젊은 조직이기도 하다. 금융결제원과 코스콤에서 정보공유

분석센터ISAC : Information Sharing & Analysis Center 기능을 수행하던 직원들과 금융보안연구원이 합쳐지면서 2015년 4월 출범한 아직은 신생 조직이다.

정보보호학과, 컴퓨터 공학과, 산업 공학과, 융합보안학과 등 출신 학과의 이름도 다양하다. 그러나 직원들에게 공통점이 있다면 어릴 때 그리고 학창 시절에 컴퓨터에 몰입했던 경험이 있다는 점이다. 이들은 자기들의 일에 몰두한다. 좋아하는 일이기 때문이다. 대부분은 일을 함에 있어 자기 과시를 잘 하지 않는다. 시끌벅적하지는 않지만 어느 날 오랜 성과물을 아무렇지 않은 것처럼 슬쩍 내어 놓는다.

2018년 11월경이었다. 침해대응부에서 〈보이스피싱 악성 앱 프로파일링〉이라는 제목의 사이버 위협 인텔리전스 보고서를 작성하였다. 당시 보이스피싱은 급증 추세였다. 2016년 피해액이 1,468억 원(17,040 건)이던 것이 2017년에는 2,470억 원(24,259 건)으로 늘었고, 2018년 상반기만 해도 1,796억 원(16,338 건)으로 증가하면서 많은 피해자들을 울리던 때였다.

한 직원이 2017년 9월 경 국내 금융회사를 사칭하는 안드로이드 앱을 분석하는 과정에서 처음 악성 앱을 확인하고, 이후 약 1년여에 걸쳐 악성 앱을 추적했다고 하였다.[56] 유포된 악성 앱을 자동으로 탐지할 수 있도록 스스로 프로그램을 개발하여 1년 동안 줄기차게 이를 추적하고 분석했다는 것이다. 당시로서는 놀랄만한 약 3천여 개의 악성 앱 표본을 수집하고, 이들

---

56   보이스피싱 악성 앱은 금융회사를 사칭해 사용자에게 악성 안드로이드 앱을 설치하도록 유도하고 이후 악성 앱에 감염된 사용자가 금융회사 대표전화로 전화 연결을 시도할 때 해당 전화를 가로채는 형태의 신종 사기 수법이다.

악성 앱이 어떻게 변천을 거듭해 왔는지, 또한 악성 앱을 어디에서 유포하는지 피싱 사이트와 관련 서버를 찾아내는 노력을 보고서로 담은 것이다. 이러한 일은 위에서 누가 하라고 시킨 것도 아니었다. 그저 한 직원의 호기심과 열정이 인텔리전스 보고서라는 결과물로 탄생한 것이었다. 이 보고서는 이후 수사기관은 물론 보안 업체 등 수많은 곳에서 그 분석 노력과 내용에 감탄을 금치 못하였으며 널리 활용되었다. 그 어느 기관에서도 엄두를 내지 못하는 성과였다.

금융보안원에서는 금융회사 보안 취약점 점검 업무도 수행하고 있다. 그 중에서 금융 앱의 취약점을 점검하는 일은 고도의 전문성을 필요로 하는 일이다. 점검자가 앱의 취약점을 점검하기 위해서는 안드로이드 운영체제의 보안 장벽을 우회해야 하고, 스마트폰 제조사의 보안 장벽도 우회하여 앱 스토어에 있는 금융 앱에 접근하여야 한다. 이들 보안 장벽은 웬만한 전문가가 아니면 중간에 접근이 차단되기 때문에 이를 점검하기 위해서는 고도의 기술적 전문성이 필요하고 시간도 제법 소요된다. 어느 날 한 직원이 2년 간에 걸쳐 이와 같은 문제를 해결한 앱 분석 점검 도구를 개발했다고 보고했다. 앱의 취약점을 보다 용이하게 점검하기 위하여 누가 시키지도 않았지만 2년 간 줄기차게 그 방법을 연구한 것이다. 그 노력과 열정에 감탄을 했다.

정보보호 업무를 하는 금융보안원 직원들은 위와 같은 직원들 말고도 능력 있는 직원들이 너무나 많다. 각종 해킹 대회나 디지털 포렌식 대회에서 수상을 했노라고 쑥스러워하면서 수상한 트로피와 상장을 내미는 경우도 많았다.

이들을 보고 있노라면 우리가 평생 자녀 교육을 위해 애쓰는 것을 다시 되돌아보게 된다. 사교육 시장으로 내몰고 조금이라도 지명도 높은 학교를 보내고 그 대학 간판이라도 있어야 이 세상을 살아갈 수 있을 것처럼 생각한다. 그러나 직장인들에게 지금 하고 있는 일이 과연 자신들의 적성에 맞는 일이냐고 물었을 때 얼마나 많은 사람들이 자기 직장에, 직업에 만족하고 있다고 대답할 수 있을까.

그래서 자신들이 좋아하는 일, 컴퓨터에 몰입하고, 프로그램을 만들고, 남들이 만들어놓은 프로그램을 분석하는 일에 몰두하는 직원들을 보면 대견하다. 그들은 자기들의 출신 학교를 잘 얘기하지 않는다. 학교에서 정해준 공부보다는 매니아들이 같이 모여 해킹 동아리나 팀을 만들어 같이 공부했다고 한다. 그리고 회사에서도 각종 연구회를 통해 신기술 변화를 공부하고, 해킹이나 포렌식에 대하여 서로 가르치고 배운다. 자신들이 하고 싶은 일을 직업으로 삼는 것은 학교 간판이 아니고 획일화된 교육 방식도 아니라는 것을 눈으로 보고 지냈다.

3년 동안 젊은 직원들 몇몇은 이직을 하였다. 안정적인 직장을 버리고 다크웹을 분석하는 벤처기업으로 간 직원들도 있고, 클라우드 업체로 이직한 직원들도 있다. 금융당국으로 이직한 직원도 있다. 그렇지만 대다수는 금융보안이라는 의미 있는 일을 해보고자 금융보안원의 문을 두드린다. 선수들끼리는 고수를 안다.

악성 안드로이드 앱 기반 보이스피싱 공격 개요도

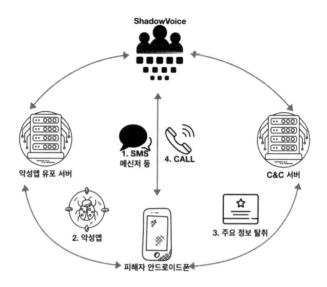

유형별 타임라인

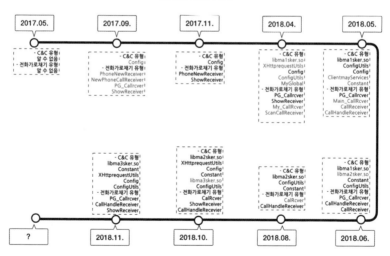

자료 : <보이스피싱 악성앱 프로파일링>(2018 사이버위협 인텔리전스 보고서, 금융보안원)

24·365 보안 이야기
The Other Side of Innovation

해커란 누구인가, The Other Side of the Coin[57]

수년 전 어나니머스와 같은 정치적 목적을 가진 해킹 그룹의 핵티비즘[58]이 등장하고 기업들의 랜섬웨어 감염 사례가 언론에 노출되기 시작하면서 '해커'라는 직업은 IT업계 종사자뿐만 아니라 일반인에게도 널리 익숙해졌다. 하지만 해커라는 직업은 나쁜 일, 범죄와 관련된 일을 하는 사람이라는 부정적인 인식이 강한 편이다. 해킹은 일반적으로 컴퓨터 네트워크에 불법적으로 접근하거나 정보시스템에 유해한 행위를 일컫는 말로 인식된다. 하지만 방어적 관점에서 해킹 기술을 활용하여 조직의 자산을 보호하고 적극적인 예방 활동을 하는 의미의 '화이트 해커'도 있으며 많은 기업과 기관 등에서 이들이 활약하고 있다.

정보보안과 해킹은 흔히 동전의 양면에 비유된다. 신기술에 대한 높은 이해도와 더불어 수준 높은 보안 지식을 요구한다는 점에서 유사해 보이기도 하지만 동전의 어떤 면을 선택하느냐에 따라 정반대의 길을 걷게 된다. 가령 금전적 이득을 취할 목적으로 해킹 툴을 제작해 판매하는 행위, 소액의 대가만으로 디도스 공격을 대행하는 이들이 있는가 하면, 해킹 기술을 활용하여 강력한 대응체계를 구축하고 보안성을 높임으로써 기업의 핵심 자산과 가치를 보호하는 이들도 있다. 유사한 수준의 기술을 보유하고 있지

---

[57] 본 해커와 관련한 내용은 금융보안원 김현민 과장, 유재욱 주임과의 인터뷰를 통해 작성하였다

[58] 핵티비즘은 해커(Hacker)와 활동가(Activist)의 합성어로 정치적, 이념적 방향에 목적을 둔 해킹 활동을 일컫는다. 어나니머스(Anonymous)가 대표적 단체 중 하나이다. 이들은 정치·사회적 목적 달성을 위해 특정 웹사이트를 침범해 해당 사이트에 정치 슬로건을 내거는 등 해킹 활동을 한다.

만 개인의 선택에 따라 동전의 앞뒤와 같이 극명하게 다른 삶을 살게 된다. 다행인 점은 부정적 의미의 해킹이나 범죄와 연루된 해커는 일부이며, 불손한 목적의 침입자들에 대비해서 정부 기관과 기업 등에서 보안을 담당하는 소위 화이트 해커가 훨씬 광범위하게 활동하고 있다는 것이다. 하지만 동전의 양면은 언제든 뒤집힐 수 있기 때문에 공식적으로는 화이트 해커로 활동하면서 한편으로는 블랙 해커로 움직이는 이들도 있을 수 있다. 그래서 흔히 화이트 해커에게 가장 필요한 소양이자 자격요건은 뛰어난 보안 기술이 아닌 윤리, 신뢰를 기반으로 한 직업의식이라는 주장에 누구도 이견이 없다.

화이트 해커가 되는 과정과 진로

국내에서 활동하는 화이트 해커가 몇 명이나 되는지 공식적인 통계는 찾기 어려우며 이들을 양성하기 위한 전문기관이나 프로그램도 충분하지는 않다. 하지만 최근 국가적 차원의 디지털전환 혁신 및 IT기반 서비스의 확장과 더불어 정보보호의 중요성에 대한 인식이 높아짐에 따라 이들 인재를 양성해야 한다는 주장은 많은 공감과 지지를 받고 있다.

현재 보안 전문인력을 양성하는 정규 교육기관으로는 IT 특성화고인 선린인터넷고등학교, 디지털미디어고등학교 등이 있으며, 화이트 해커를 꿈꾸는 어린 학생들은 해킹보안과가 있는 이들 고등학교에 진학하여 해킹에 대한 공부를 시작할 수 있다. 꽤 이른 시기부터 해킹과 보안을 접할 수 있는 편이다, 그리고 정보보호 학과가 개설된 정규대학에 진학하여 보다 다양하고 발전된 지식을 얻을 수도 있다. 2019년 기준 전국에 전문대학 29개, 대학교 69개, 대학원 64개 학과 등 총 162개 학과가 운영되고 있으며, 정보보호 관련 학과는 지속적으로 증가하고 있다고 한다. 하지만 해킹이란 분야는 교육을 수강하는 수동적 학습만으로는 일정 수준에 도달할 수 없고, 결국 자신이 스스로 능동적으로 학습하고 탐구해야만 하는 분야이다. 따라서 비슷한 생각과 목적을 가진 사람들이 모여 해킹 동아리, 해킹 팀을 이루어 함께 연구하고 공부하는 것이 실질적으로 실력을 높이는데 필요한 활동들이다. 대학의 해킹 동아리, 숙박을 하며 진행되는 해킹 캠프, 컨퍼런스에서 만나는 사람들, 해킹대회를 위한 해킹 팀 등 다양한 모임들이 존재한다. 정부 차원에서도 대학 정보보호 동아리연합KUCIS을 통해 정보보호 교육, 세미나 및 연구 활동 등을 지원하고 있으며 지난 2019년 기준 국내 전문대학, 대학, 대학원 등에 소속된 40개 동아리가 활동하고 있다.

민간 부문에서는 한국정보기술연구원, 한국정보보호교육센터 등 10여 개 기관에서 산업 맞춤형 교육과정으로 모의해킹 직무 교육과정을 일부 개설하고 있다. 공식적인 교육생 배출현황이나 교육 커리큘럼이 공개되지 않아 정확히 파악은 어려우나 이들 교육기관을 이용하는 예비 화이트 해커도 다수이다. 금융보안원의 금융보안교육센터에도 금융회사 직원들을 대상으로 한 해킹 공격방어 훈련과정을 운영 중이다.

그리고 대학의 정규과정이나 민간 교육으로 부족한 부분은 정부 지원의 양성 프로그램을 활용하는 방법도 있다. 한국정보기술연구원에서 운영하는 차세대 보안리더 양성 프로그램인 Best of the Best_{BoB}, 한국인터넷진흥원이 주관하는 최정예 사이버보안인력_{K Shield Jr.} 등을 통해 인재가 배출되기도 한다. 이러한 프로그램들의 특징은 자기주도 프로젝트형 학습으로 스스로 필요한 부분들을 학습해나간다는 것이다. 국내에서 해킹, 혹은 정보보안전문가가 되고자 하는 많은 학생들이 이들 프로그램들을 이수하며 학교에서 배우지 못한 부분들을 체화해나간다. 금융보안원에도 정보보호 대학이나 대학원을 졸업하거나 BoB나 K Shield 과정을 수료하고 근무하는 직원이 다수 있으며, 실무적인 역량을 갖추어 현업에서의 업무 수행능력도 우수한 것으로 평가받고 있다.

하지만 앞서도 언급했듯이 해킹이라는 분야의 특성 상 일방적인 교수법이 아닌 스스로 연구하고 성취해야 하는 부분이 많기에 양성 프로그램만으로는 해커의 경지에 이르기는 쉽지 않다. 조기 교육, 전폭적인 지원, 커뮤니티 등 다방면으로 노력해서 양보다는 질에 집중하는 양성 프로그램이 지속적으로 필요한 이유다. 실제 북한의 경우에도 아주 어린 나이부터 해커의 재능을 보이는 자들을 조기 선발하여 전폭적인 지원을 통해 집중적으로 양성하는 것으로 알려져 있으며, 미군 보고서에 따르면 매년 100명 이상의 최정예 해커가 양성되고 있다고 한다. 이들은 전 세계 전산시스템을 공격하며 많은 문제를 야기하고 있으니 인력 양성의 목적은 바람직하지 않지만 조기 교육의 필요성과 전폭적 지원 방향에 대해서는 참고할 필요가 있다고 본다.

화이트 해커로서 역량과 자질을 갖춘 이후 진로는 크게 공격자 관점과 방어자 관점으로 구분할 수 있다. 공격자 관점에서의 직업은 특정 기업의 제품 혹은 서비스를 모의로 해킹하여 취약함을 알리고 사전에 위험을 예방함으로써 보안 수준을 향상시키는 모의해커, 널리 쓰이는 소프트웨어 및 하드웨어의 취약점을 찾거나 공격 기법을 연구하는 보안 연구원Researcher, 어느 곳에도 소속되지 않고 자유로이 협약된 기업이 공개한 서비스의 취약점을 찾아 제보하여 그 현상금을 타가는 프리랜서 버그헌터Bug-Hunter 등이 있다. 이들은 보안 전문업체에 소속되어 기업의 의뢰를 받아 모의해킹·취약점 분석을 수행하기도 하고, 공격적 연구Offensive Research를 주요 사업으로 하는 연구 전문업체에서 연구를 수행하기도 한다. 또한 버그헌팅Bug-Hunting은 누구라도 참여할 수 있기 때문에 직장인 중 버그헌팅을 통해 보안성 향상에 기여하며 금전적 보상을 받는 이들도 있다. 그 외 기업이나 정부기관 등에서 보안업무를 담당하며 디지털 포렌식, 악성코드 분석 등 방어적 성격의 업무를 수행하는 화이트 해커들도 있다.

때로는 일정 수준 이상 실력자의 경우 대체 불가능한 인력이 되기도 한다. 100명의 평범한 해커보다 1명의 특급 해커가 같은 과제에 대하여 훨씬 더 위협적인 결과물을 내놓기 때문이다. 이런 해커들은 직업을 선택하는 데 있어 안정성과 연봉보다는 '자유'를 추구한다고 한다. 해커가 하는 일의 특징이 정해진 틀이나 규칙에 얽매이지 않고 그 틀과 규칙 자체를 깨부수며 취약점을 찾아 공격하는 성향이기 때문일 것으로 추측해본다. 그래서 해커들은 일반적인 대중이 생각하기에 최고로 생각하는 대기업들이 아닌, 자유로

이 자신이 하고 싶은 연구와 업무를 할 수 있는 스타트업이나 중소기업을 선호한다. 그리고 생각 외로 이런 기업에서의 대우는 대기업보다 높은 수준일 경우도 많다. 처우도 좋고, 자유로우며, 함께 연구하고 공부할 수 있는 동료들이 있는 곳이 화이트 해커들이 가장 선호하는 직장이다. 다만 일정 수준 이상의 해커는 그 숫자가 적고, 기업에서의 수요는 많기 때문에 실력자들은 원하는 기업을 골라 갈 수 있다고 한다.

어느 직업이나 마찬가지이겠지만, 특히 화이트 해커라는 직업을 갖고 업무에 기여하기 위해선 꾸준한 자기계발과 최신 트렌드 학습이 필수적이다. 매우 빠르게 변화하는 IT산업의 특성상 해커가 침투하고 취약점을 찾아야 하는 환경 또한 급변하기 때문에 해커는 최신 트렌드를 모두 학습하여 개발자와 동등한 수준의 지식을 가지고 있어야 한다. 또한 실제 악의적인 블랙 해커들은 방어자가 설치해놓은 서비스를 보호하기 위한 각종 보호 수단들을 우회하여 공격을 수행하기 때문에, 이러한 신종 우회기법이나 공격기법에 대해서도 항상 학습하고 익힐 필요가 있다. 이렇듯 꾸준한 자기계발이 필요한 해커의 특성상 여러 가지 환경적, 신체적 요인으로 인하여 나이가 들어갈수록 최신 트렌드를 따라가기가 힘들어진다. 마치 운동선수가 나이가 들면 은퇴하는 것과 유사하다.

화이트 해커의 축제, 해킹 대회

해킹 대회는 말 그대로 해킹Hacking 실력을 겨루는 대회를 의미한다. 지난 1990년 최초의 해킹 대회인 데프콘DEF CON이 라스베이거스에서 개최된 이래 현재까지 국내외 다양한 기업과 기관에서 대회를 주관 운영하고 있다. 대회는 일반적으로 CTFCapture the Flag 방식으로 진행되며 말 그대로 주어진 문제 상황을 해결하여 깃발Flag을 가져옴으로써 점수를 획득하게 된다.

깃발을 가져오는 CTF에도 여러 가지 형식이 있는데 이 중 제퍼디 Jeoperdy, 공격·방어Attack & Defense 등이 대표적이다. 간단히 소개하자면 먼저 제퍼디 방식은 미국의 텔레비전 퀴즈 쇼 이름인데 예술, 문학, 스포츠 등 여러 분야가 있고 선택한 문제의 난이도별로 획득할 수 있는 금액을 다르게 책정하여 진행한다. CTF에서도 웹해킹, 시스템해킹, 역공학, 포렌식, 암호학 등 다양한 분야에서 다양한 난이도의 문제에 점수를 매겨 각 문제를 해결할 때마다 점수를 주는 방식이다. 문제 출제, 풀이, 점수 획득 방법이 직관적이기 때문에 현재 개최되는 대다수의 CTF 대회에서 채택하고 있다.

제퍼디 형식 다음으로 많이 쓰이는 방식이 깃발 뺏기 게임과 굉장히 흡사한 공격·방어Attack & Defense 유형이다. 이 유형의 대회 참가팀들은 서로 출제자가 구축한 가상환경을 받고, 이 가상환경 속에서의 취약점을 분석하여 상대방을 공격할 수 있는 공격코드를 작성하고 상대팀 시스템에 침투해서 그 안에 존재하는 깃발을 가져온다. 또한 그 취약점을 막을 수 있는 대응 방법을 마련하여 상대방이 침투하지 못하도록 막기도 한다. 해킹공격과 방어를 모두 해야만 우승할 수 있는 방식이다.

이러한 형식 외에도 포렌식 분야의 해킹 대회에선 주어진 대상을 포렌식 하여 분석 보고서를 제출한다거나, 주최측이 주기적으로 참가자 서버를 공격하고 참가자는 방어를 해내는 방어Defense 위주의 대회 등 다양한 형식의 CTF가 존재한다. 혹은 CTF가 아닌 GTFGuess the Flag, 즉 플래그를 추측하여 맞추는 문제들이 대다수로 이루어진 대회도 있다. 해킹 대회가 진지하게만 임하는 대회가 아닌 해커들의 놀이터이기도 하기 때문에 이런 재밌는 형식도 생겨났다고 한다.

국내는 국방부 사이버작전사령부, 국가정보원, 한국인터넷진흥원 등이 주관하는 해킹대회가 유명한데 이중 코드게이트CODEGATE는 지난 2008년 국내 최초 해커양성대회를 표방하며 개최한 이후 국내에서 주관하는 최대 규모의 국제대회로 자리 잡았다. 단순히 대회만 진행하는 방식이 아닌 지식 공유, 기술교류를 위한 컨퍼런스와 보안기업 전시부스 등을 병행하고 있다.

국제해킹대회는 주로 각국의 유명 해킹팀, 유명 대학의 해킹동아리, 유명 컨퍼런스 등에서 대회를 주최한다. 전 세계에서 개최되는 해킹 보안 컨퍼런스 중 미국 데프콘 컨퍼런스DEF CON Conference 기간에 개최되는 데프콘 CTF가 가장 규모가 크고 수준이 높은 것으로 알려져 있다. 그 외 일본에서 열리는 CodeBlue CTF, 대만의 HITCON CTF 등이 국제적 명성이 있는 편이다. 이런 해킹대회들은 보통 온라인으로 예선전을 치르고 본선에서 오

자료 : 2019년 코드게이트 시상식 모습

프라인으로 모여서 개최되곤 한다. 특이한 점은 본선 해킹대회가 끝나고 나면 해커들을 위한 After Party가 개최되는 경우도 있다는 것이다. 주로 1박 2일, 길게는 3박4일까지 진행되는 해킹대회의 특성 상 본선에 진출한 해커들을 위하여 주최 측에서 호텔 등 필요한 사항을 제공한다. 이 호텔에서 각국의 해커들이 모여 술을 마시며 해킹에 대한 이야기, 시시콜콜한 이야기들을 나누며 교류하곤 한다. 실력을 경쟁하는 대회이기도 하고 그 자체가 말 그대로 축제의 장이기도 하다. 2020년의 경우에는 코로나19로 인하여 본선이 없어지거나 본선조차 온라인으로 개최되는 경우가 다수였다고 하니 2020년 참가자들은 아쉽게도 이런 축제를 즐기지 못했을 것 같다.

금융보안원에서 활동하는 화이트 해커 중 다수는 공격자 관점에서 금융회사의 취약점 분석이나 모의해킹 등의 업무를 담당하기도 하고, 일부는 대응 관점의 디지털 포렌식, 악성코드 분석 등의 업무를 담당하고 있다. 이 중

모의해킹은 실제 공격자처럼 외부로 공개된 정보만을 토대로 다양한 시나리오를 구성하여 정보 유출이나 금전적 손실 등 심각한 피해의 발생 여부를 사전에 진단하고 대비하고자 하는 목적이다. 전문적인 보안지식 이외 금융 서비스에 대한 이해도와 경험이 풍부할수록 금융 분야에 특화한 점검이 가능하다.

나는 화이트 해커다

곽경주 (S2W Lab 이사, 전 금융보안원 과장)

자연스러운 길

내가 본격적으로 화이트 해커에 관심을 가지고 평생 이 길을 가겠다는 마음을 먹은 것은 2000년대 초반 대학생 시절이었다. 평소 컴퓨터에 관심이 많았던 나는 대학을 컴퓨터공학과로 진학했었다. 학교 선배들과 교수님들의 영향도 있었지만 당시 나는 IT와 인터넷의 발전 이면에는 동전의 양면처럼 해킹으로 인한 피해가 발생할 수밖에 없을 것이라고 생각했고, 이러한 피해를 예방해줄 수 있는 화이트 해커의 존재에 대하여 동경과 함께 매력을 느꼈다.

대학 시절 처음부터 정보보호 분야를 집중적으로 공부한 것은 아니었다. 대부분은 코딩 공부와 수업 과제를 중심으로 공부를 했으나 한편으로는 화이트 해커가 되기 위해 관심이 있는 공부도 차분히 병행하였다. 화이트 해커로서 기초체력을 쌓기 위해서 소프트웨어 개발 동아리 활동을 통해 프로그래밍과 알고리즘에 대한 지식과 기술을 습득하였다. 홈페이지나 서버에 악의적인 행위를 하는 실제 공격자들을 방어하는 방법을 연구하며 당시 유명 포털사이트의 취약점을 찾아보기도 하였다.

한번은 학교 측의 허락을 받아 교내 사이트의 취약점을 진단하고 100여개가 넘는 취약점들을 찾아내기도 했다. 또한 선배들과 같이 대기업의 디지털 복합기에 관한 취약점 분석을 해본 적이 있었는데 이러한 대학 시절의 경험들이 화이트 해커로 살아가는 자양분이 되었다. 물론 다양한 정보보호 커뮤니티와 국내외 정보보호 컨퍼런스에도 꾸준히 참여하였다. 그런 행사에서 만났던 전문가들은 지금까지도 계속 교류를 이어오면서 내가 화이트 해커로서 살아가는데 소중한 자산이자 나의 삶을 더욱 풍성하게 만들어주는 디딤돌이 되고 있다.

화이트 해커의 DNA엔 'FUN'이 있다

금융결제원 금융정보공유분석센터에서 시작하여 금융보안원으로 이어진 지난 10년간의 직장 생활은 내가 화이트 해커로서 사이버 전쟁터에서 공격자들과 치열하게 전투를 치루면서 보냈던 시절이었다. 이러한 사이버 전투의 경험담을 풀어 놓으려면 오늘 밤을 하얗게 지새우고도 모자랄 것이다. 그만큼 금융영역에서의 사이버 전투는 치열하였고 뚫을 것인가, 막을 것인가 하는 창과 방패의 끝없는 싸움이었다.

2017년에는 지금은 대표적인 위협 그룹으로 잘 알려져 있는 '안다리엘 Andariel'을 발견하여 이 세상에 알리는 성과를 올렸다. 당시 국내 침해사고를 2년 이상 분석하다보니 이미 특정 국가의 지원을 받는 해킹 그룹인 '라자루스'와 연관성이 있으면서도 새로운 유형의 악성코드를 사용하고 다른 대상을 공격하는 행위가 동일한 공격자에 의해 지속적으로 이루어지고 있음을 확인하였다. 이에 이 공격자를 라자루스에서 분리된 별도의 공격 그룹으로 판단하고 그 이름을 '안다리엘Andariel'로 명명하였으며[59] 동 내용을 분석한 사이버위협인텔리전스 보고서를 발표하였다.[60] 이 보고서는 영국의 BBC 뉴스, 미국의 블룸버그통신, UN 안전보장이사회Security Council 리포트 등에 인용되는 등 전 세계적으로도 주목을 받았다.

사이버 범죄는 사이버 공간의 특성상 특정 지역이나 국가를 기반으로만 범죄가 일어나는 것은 아니기 때문에 범죄자의 신원을 파악하기 어렵고 범죄자를 잡기 위해서는 각국의 수사기관, 국내·외 전문 분석가, 연구원들과의 협업은 필수적이다.

2016년 국내 대기업이 연쇄적으로 뚫릴 뻔한 '유령 쥐'Ghost RAT : Remote Access Trojan 사건이 발생하였다. '유령 쥐' 사건은 마치 쥐처럼 해커들이 은밀

---

59 해킹 그룹인 '라자루스'의 명칭은 성경을 모티브로 만들어진 게임 '디아블로'(Diablo)의 캐릭터의 이름에서 유래하였다. '안다리엘' 역시 디아블로 게임의 캐릭터로서 '라자루스'와의 연관성을 나타내기 위해 이름을 그렇게 짓게 되었다.

60 금융보안원, <국내를 타깃으로 하는 위협그룹 프로파일링 Campaign Rifle : Andariel, the Maiden of Anguish2 - 2017 사이버 위협 인텔리전스 보고서>, 2017.07.

하게 침입하여 악성코드를 침투시키는 방식을 이용한 공격으로 다수의 PC 를 관리해야 하는 공공기관과 대기업을 대상으로 소프트웨어의 취약점을 노려 깅식히려 한 시긴인 민큼 큰 이슈기 되겠디. 게깅에 성공했디리면 김 염시킨 컴퓨터를 원격 제어할 수 있을 뿐만 아니라 내장 카메라로 정찰 촬영까지 할 수 있어 크나큰 사회적 파장을 불러일으켰을 것이다. 2016년 2월 당시 특이한 악성코드를 발견하게 된 후, 수사기관 및 공공기관 등과 공조해서 빠르게 공격 정보를 파악하고 당시 대규모 공격이 진행되기 직전에 이를 차단할 수 있었다. 하마터면 5만대의 PC를 감염시켰던 2013년 3.20 사태보다 훨씬 큰 피해로 이어질 수도 있었던 사이버 테러를 여러 기관과의 협력과 신속한 대응으로 성공적으로 차단할 수 있었던 것은 뿌듯한 자부심으로 남아있다.

금융보안원에서 재직했던 시절은 전운이 감도는 사이버 전쟁터의 최전선에서 아주 작은 이상 징후 감지 신호에도 항상 예민하게 촉각을 곤두세웠던 때였다. 공격자의 움직임을 예의 주시하면서 혹여 공격자와의 사이버 전투라도 벌어지면 초반에 공격자를 제압하고 금융권을 사수해야 한다는 긴장 속에서 하루하루를 보냈던 것 같다. 마치 디지털 금융과 데이터 경제의 성패가 내 손에 달려있다는 심정으로 금융의 사이버 공간을 지키는 어벤져스의 삶을 살았다.

때론 직장과 가정의 경계가 없는 아쉬움도 있었다. 가정에 돌아와서도 화이트해커의 업무는 끝나지 않는다. 언제든 울릴 수 있는 전화벨과 메시지, 긴급전용 SNS를 통해 악성코드의 공격 상황을 알리는 알람에 신경을 곤두세워야 한다. 화이트해커로 활동하며 내가 있는 모든 장소가 곧 이동하는 사무실이 되고 공격이 발생하면 역추적을 통해 공격자의 모든 것을 간파해야 하는 것이 내게 주어진 사명이다.

항시 분주하고 매순간 날카롭게 어려운 이슈에 예민하게 반응해야 하는 생활에도 불구하고 업무 자체에 스트레스를 받으며 힘들어하지는 않았다. 금융보안원에 근무하면서 '내가 곧 금융보안을 지키는 파수꾼이다'는 책임감을 가지고 일을 해왔다. 무엇보다 재미있다. 이 일은 재미없으면 못한다. 나에게 화이트 해커라는 직업은 여러 방면으로 신선한 재미를 주는 천직天職이다. 화이트 해커의 DNA엔 'FUN'이 있다.

또한 화이트 해커로서 실력이 녹슬지 않으려면 내 업무의 틀 안에 갇혀 타성에 젖지 않고 부단히 자기 계발을 해야 한다. 국내·외 유수한 콘퍼런스 발표에 참여하였고 디지털 포렌식과 해킹 분석에 대한 전문 서적도 발간하였다. 아울러 경찰청 사이버위협 전문가그룹 자문위원, 차세대 보안리더 양성 프로그램Best of the Best의 디지털 포렌식 멘토, KB 금융지주 기술 랩 멘토, 김치콘KimchiCon 심사 위원 등 다양한 외부 전문가 활동에도 활발하게 참여해 왔다.

또 다른 미지의 세계에 도전하다.

2020년 나는 화이트 해커로서 보다 역동적이고 재미있는 일을 찾아 또 다른 미지의 세계에 도전하였다. 화이트 해커로서 최고의 직장이자 내 삶의 터전인 금융보안원을 떠나는 것은 결코 쉬운 결정이 아니었다. 그럼에도 불구하고 나는 지금까지 쌓은 나의 경험과 실력을 보다 넓은 세상에서 자유롭게 펼쳐 볼 수 있는 기회를 가짐과 동시에 보다 주도적으로 세상에 선한 영향력을 미칠 수 있을 것이라는 확신으로 새로운 길로 떠나왔다.

내가 새롭게 둥지를 튼 회사는 데이터 속에서 유의미한 의미를 찾아내며 보안을 비롯해 다양한 분야에 도움을 주고자 하는 회사이다. 현재는 다크웹을 분석하는 스타트업으로 많이 알려져 있다. 다크웹은 이제 보안 분야에서 빼놓을 수 없는 대상이지만 아직까지 세계의 유수한 보안 회사들도 솔루션을 제대로 제시하지 못하고 있는 미지의 영역이다. 데이터를 어렵게 수집했다고 하더라도 그 복잡도와 다양성의 방대함에 쉽사리 손을 대기가 어렵다. 산재한 다크웹의 데이터 중 불필요한 정보는 제거하고 중요 정보를 추출하고 연결 지으면 곧 가치를 가진 새로운 정보가 보이기 시작한다. 내가 수없이 분석해 왔던 대한민국을 공격하는 3대 위협그룹 '라자루스, 블루노로프, 안다리엘' 뿐만 아니라 다크웹을 포함한 다양한 거점에서 끊임없이 새로운 위협이 등장할 것이다. 개인적인 포부는 기존의 보안이 대부분 이미 해킹·유출 등 사건이 벌어진 후에 대처하는 방식으로 진행이 되었다면 다크웹 정보들의 연관성 분석을 통해 범죄가 발생하기 전에 예방할 수 있는 수준으로 보안을 발전시키는 것이다.

화이트해커가 필요한 시대가 오고 있다.

국내에서 사이버 보안에 대한 인식과 투자가 과거에 비해 높아진 것이 사실이지만 아직까지 화이트 해커를 수용하는 문화와 그들의 위상은 그리 높지 않다. 화이트 해커가 제 역할을 수행하기 위해서는 미국이나 유럽처럼 화이트 해커들이 마치 축제에 참여한 것처럼 서로가 주인공이 되어 아무런 격식 없이 자유롭게 모여 의견을 교환하고 정보를 공유할 수 있는 문화의 장이 마련되어야 한다.

금융 산업만 보더라도 금융거래의 90% 이상이 인터넷뱅킹, 모바일뱅킹 등 비대면 방식으로 이루어지고 코로나19를 계기로 이러한 언택트·온택트 경향은 사회 전반적으로 급속하게 확산될 것으로 예상된다. 디지털 의존도가 높아질수록 디지털을 이용하는 사이버 공격 역시 날로 고도화·지능화될 것이다. 이미 사이버 범죄는 거대한 조직에 의해 저질러지고 국가마저 개입되어 사이버 안보 문제로 비화되고 있다. 이러한 상황에서 고도의 사이버 방어 전문지식과 분석·대응 기술을 보유한 화이트 해커의 존재는 그 무엇보다도 중요하다. 특히, 금융의 디지털 전환이 가속화되고 빠르게 데이터 경제로 이행되고 있는 상황에서 국가 안보를 지키고 산업 경쟁력을 유지하기 위해서는 조선시대 율곡 선생의 10만 양병설에 버금가는 최정예 화이트 해커 양성이 필요하다.

디지털 변혁, 도전을 장려하고
실패를 용인하는 문화

금융권에서 디지털 변혁Digital transformation은 미래 생존을 위한 당연한 선택이 됐다. 핀테크 기업과의 합종연횡, 인공지능AI을 비롯한 4차 산업혁명 신기술을 활용한 각종 금융서비스 접목 등 금융회사들은 분주하다. 혁신조직을 만들고 빅데이터를 분석해 챗봇이 상담을 하거나 로보어드바이저가 자산관리를 돕는 것이 새롭지 않다.

한동안 '축적의 시간'이라는 책이 우리 사회에 많은 경종을 울렸다. 모든 가치사슬을 지배하는 '창조적 개념설계' 역량은 단시간 내에 형성되는 것이 아니라 오랜 시간의 시행착오와 실패의 경험을 축적함으로써 확보되며 국가적 차원에서 도전을 장려하고 실패를 용인하는 문화를 만들어야 한다는 것이다.

그러나 현장에서 이를 이행하기 어려운 큰 이유 중 하나는 책임문제 때문이다. 우리나라는 큰 사고가 발생하면 반드시 책임 소재를 따지고 처벌이 수반된다. 한동안 공직사회에는 일을 하면 사후에 반드시 책임질 일이 생긴다고 해 가만히 엎드려 움직이지 않는다는 복지부동(伏地不動)·복지안동(伏地眼動)이라는 말이 회자됐다. 감사원법에서 고의나 중과실이 없는 경우 적극적인 업무처리 책임을 묻지 않도록 하는 적극행정 면책제도 규정돼 있으나 이를 믿는 공직자는 많지 않다. 많은 사람들이 '대과없이' 현직을 마무리하는 것을 최대 과제로 여기기도 한다.

문제는 이렇게 사고와 행동이 안전 위주로만 흐르면 기업과 국가의 경쟁력이 약화된다는 점이다. 아무리 위대한 기업도 지속적인 혁신을 시도하지 않으면 새롭게 닥쳐오는 혁신의 물결에 무너질 수 있다. 국가 경제도 그러하다. 도전과 실패의 경험을 축적하는 문화는 말로 형성되는 것이 아니다. 실패를 단죄하는 데 몰입하다 보면 혁신은 다람쥐 쳇바퀴 돌듯이 제자리에서 나아가지 못한다.

변혁은 리스크를 동반할 뿐만 아니라 성과를 예단하기 어렵다. 자율과 창의를 장려하고 미래를 창조한다 하지만 책임회피 관행이 단단하게 뿌리박고 있는 한 현실은 한 걸음 앞서기도 쉽지 않다. 금융사 최고경영자CEO도 대부분 임기가 3년, 길어야 연임 이상을 넘기기 어렵고 그마저도 매년 평가를 받는다. 단기 성과에 목을 매고 사후책임에 자유롭지 못한 상황에서 불확실한 프로젝트에 과감하게 투자를 결정하기 어려운 게 현실이다.

따라서 일정비율 이상의 예산을 혁신 사업에 반드시 투자하도록 하고 선의의 실패에 대해서는 책임을 묻지 않는 '혁신책임불문제도'라도 만들면 어떨까. 혁신을 촉진하는 정책적 인센티브나 정부의 마중물 역할도 적극적으로 일관되게 추진해야 한다. 이를 통해 궁극적으로는 민간 스스로 혁신이나 모험자본이 선순환하는 생태계가 만들어져야 한다. 실패의 경험은 사회적 자산이며 성공으로 가는 계단이다.

(2019.4.8. 서울경제 로터리 칼럼)

외부 전문가가 바라본 금융보안

금융보안의 여정과 미래

박춘식 (아주대학교 사이버보안학과 교수, 금융보안자문위원회 위원장, 전 국가보안기술연구소장)

금융시장에서 디지털전환Digital Transformation과 데이터 혁신은 금융의 패러다임을 송두리째 변화시키고 있습니다. 간편 결제와 송금에서 시작된 핀테크 혁명은 이제 자산관리, 보험, 증권 등으로 확산되며 금융의 디지털 의존도를 더욱 심화시키고 있습니다. 특히, 코로나19로 디지털 전환과 데이터 경제로의 이행은 가속화되고 있습니다. 이러한 때에 금융보안의 역할은 아무리 강조해도 지나치지 않습니다.

작년 이후 더욱 기승을 부리는 금융권에 대한 사이버 상 위협 공격은 여전히 금융권이 가장 중요하면서도 공격자들에게 좋은 먹잇감이라는 점을 얘기해 주고 있습니다. 금융산업에서 금융보안을 전제하지 않고서는 금융상품의 개발, 금융서비스의 제공 및 소비자 보호를 상상할 수 없는 현실입니다. 그 중심에 금융보안원의 역할이 존재한다고 생각합니다.

지금 금융보안원의 가파른 성장을 가까이서 지켜보면서 제가 느끼는 감회는 무척 남다릅니다. 2015년 금융보안전담기구 출범 당시 그 준비 위원회에서 일했던 인연과 금융보안자문위원회를 통해 금융보안 조직의 성장 과정을 줄곧 지켜봤습니다. 그리 길지 않은 기간에 명실상부한 국내 최고의 금융보안 전문기관으로서 위상을 갖추게 되었고 이러한 위상을 갖추기까지 금융보안원은 디지털 금융 혁신과 데이터 경제의 편입 과정에서 발생할 수 있는 새로운 위협과 리스크를 선제적으로 예방·대응하기 위해 흡사 수면 아래 분주한 백조의 두 발처럼 끊임없는 자기 혁신과 변화를 거듭해 오고 있습니다.

앞으로 금융보안은 '금융'이라는 분야에 새롭게 발생할 수 있는 미지의 보안위협에 대비할 뿐만 아니라 전사적인 차원에서 금융회사가 보안을 고려한 시스템을 기획·설계할 수 있도록 최고경영층부터 실무자까지 촘촘하고 계층적인 금융보안 거버넌스를 구축해 나가야 할 것입니다. 이를 위해, 금융보안원은 금융산업 전반의 사이버 보안 리스크를 체계적으로 관리하고 금융보안 전문 인력을 양성하며 금융권에서 요구하는 금융보안 인프라를 구축·운영하는 등 그 역할과 책임을 차질없이 수행해 주기를 기대합니다.

금융과 보안의 각 영역에서 치열하게 몸담았던 금융보안원의 최고경영자가 직접 경험하지 않으면 깨닫기 어려운 금융보안에 대한 핵심적인 인사이트를 이번 저서를 통해 쉽게 전달하려고 한 것에 대하여 보안에 종사하는 한 사람으로서 매우 기쁘게 생각합니다. 그간 금융보안은 금융권 임직원과 일반인에게 있어 너무 기술적이라던가 어렵게 느껴져 그 중요성을 간과하는 경우가 많았습니다. 저자는 임기 내내 보안 전도사로서 왕성한 활동과 학습하는 모습을 보여 왔습니다. 이 책은 저자가 누구나 이해하기 쉬운 일상의 언어로 꾹꾹 진심 어린 애정을 담아 보안의 중요성을 설파하고 있어 앞으로 우리가 주목해야 할 금융보안의 모습을 쉽게 그려내고 있습니다.

금융보안과 혁신은 동반자의 관계입니다. 디지털 전환이 생존의 필수 조건이 된 4차 산업혁명 시대에 이 책은 금융권 종사자 뿐만 아니라 보안에 관심 있는 일반 국민과 학생들이 금융보안을 어떤 시각으로 비리보아야 할지, 금융과 보안은 서로 어떤 관계를 설정하고 나가야 할지를 이해하는 데 큰 도움이 될 것입니다. 평소에 궁금하거나 관심이 있지만 쉽게 접하기 어려웠던 이슈들에 대해 실제 금융권 정보보호 현장에서 사이버 위협 사고들을 해결·대응하는 과정에서 얻은 생동감 있는 이야기들을 읽다 보면 어느새 금융보안이 우리 곁에 다가와 있을 것입니다.

지금까지 금융보안원이 우리나라 금융 산업을 지키는 주춧돌로서 묵묵히 그 역할을 충실히 다해 왔듯이 앞으로의 금융의 디지털 혁신 과정에서도 금융보안원이 그 등불을 밝혀 주기를 기대합니다.

금융 CISO의 길

김 홍 선 (SC제일은행 부행장, CISO, 전 ㈜안랩 대표이사)

약 7년 전 헤드헌터에게서 연락이 왔다. 어느 외국계은행에서 정보보호최고 책임자CISO를 찾고 있는데 관심이 있느냐는 것이었다. 평생 IT와 사이버보안 분야에 종사해 왔기에 은행에서 일하는 나의 모습은 한 번도 상상해 본적이 없었다. 은행은 내가 고객으로, 또는 나의 고객으로 바라보았을 뿐이다. 그런 제안을 받은 자체가 신기했지만 일단 도전해 보기로 했다.

다섯 번째 면접으로 기억한다. 본사에서 방문한 그룹임원들과 자리를 함께 했다. 한 시간 조금 넘은 대화를 마치고 마지막으로 궁금한 게 있으면 물어보라고 했다. 이제 면접도 마무리 단계로 가는 터라 그 동안 막연히 가지고 있던 걱정을 털어놓았다.

"나는 IT와 보안 분야에만 있었지 금융에 대해서는 거의 모른다. 비록 은행이 고객이었지만 IT 부서와의 관계가 대부분이었다. 이렇게 은행에 대한 막연한 지식만 가지고 있는데 부행장이라는 경영자의 역할을 할 수 있을지 솔직히 걱정이다. 업의 특성이 워낙 다르지 않은가?"

그러자 그 때까지 별로 얘기하지 않고 있던 한 임원이 나섰다.

"당신은 은행에서 가장 중요한 게 뭐라고 생각하는가? 오늘날 은행이 가지고 있는 것은 데이터 밖에 없다고 해도 과언이 아니다. 과거에는 은행이 돈을 직접 다뤘지만, 지금은 거의 모든 업무를 컴퓨터로 처리한다. 금융업도 본질적으로 데이터 비즈니스다. 우리는 사이버보안의 전문가SME : Subject

Matter Expert가 필요한 것이다. 나도 몇 년 전 까지는 큰 담배회사에서 일했지만 은행에 와서 적응하는데 큰 어려움이 없었다."

체험에서 우러난 그의 설명은 내가 직장을 선택하는데 결정적으로 작용했다. 그렇게 보안과 금융을 짝짓는 나의 실험은 시작되었다. 제품과 서비스를 제공하는 벤더Vendor의 입장에서 운영하는 입장으로 자리를 돌려앉은 셈이다. 사이버보안을 다른 관점Perspective에서 바라보고 실행한 경험은 특별하다.

글로벌 은행에서 일하다 보면 다른 국가의 분위기를 엿볼 수 있다는 장점이 있다. 그런데, 미국이나 유럽은 사이버보안 문제에 접근하는 태도가 한국과 확연히 다른 점을 느낄 수 있다.

첫째, 세계적으로는 사이버보안의 중요성이 끊임없이 확대되고 있는 데반해 한국에서는 보안에 대한 인식이 줄어들고 있다. 미국의 주요 언론이나정부정책에서 사이버공격은 심각한 주제다. 해킹이 미국선거에 관여하고,기업의 기밀을 훔치는 것은 중대한 안보적, 경제적 화두다. 보안위협을 인간의 생명을 위태롭게 하고 기반을 무너뜨릴 수 있는 사회적 리스크로 보는시각이 강하다.

한국도 사이버보안이 전국민의 관심을 끈 적이 있었다. 안랩의 CEO를맡고 있었던 시절 유난히 사이버공격이 많았다. 7.7 디도스공격이나 3.20사이버테러와 같은 국가적 차원의 공격을 현장에서 대응하느라 동분서주했다. 그 덕분에 TV 톱뉴스에도 등장하고, 국회에도 불려가고, 수많은 강연도다녔다. 그러나, 그 후 사이버보안의 관심은 식었다. 사건이 발생하더라도 일부 전문지를 제외하고는 크게 이슈화하지 않는다.

물론 언론에서 스포트라이트를 받는 게 본질은 아니다. 오히려 과도한 관심은 거품이 될 수도 있다. 문제는 사이버공격이 날로 지능적이고 은밀하게 진화하고 있는데, 이를 그다지 심각하게 받아들이지 않는 사회적 분위기다. 공격의 형태가 데이터 절도에서 은행 강도로 대담해지고, 국가와 기업의 기밀을 빼돌리고, 소프트웨어 기업의 코드 인증서를 탈취하고, ATM, POS, 가상화폐 거래소와 같은 약한 고리를 노리고 있다. 다크웹과 비트코인을 활용해 범죄 생태계가 형성되고, 암암리에 국가차원에서 지원하기도 한다. 가히 알고리즘과 데이터로 돌아가는 시대다. 우리는 이러한 위험이 가져올 충격에 대해 진지하게 고민하고 있는가?

둘째, 사이버보안을 경영의 리스크로 보는 시각이다. 사이버보안도 리스크 관리체계RMF : Risk Management Framework를 통해 경영지표로 활용한다. RMF는 리스크를 가시화하는 보편적인 경영의 틀이지만 한국에서는 개념조차 생소하다. 금융, 공공, 제약, 제조 등 다양한 글로벌기업에서는 미국 NIST에서 제정한 RMF를 기반으로 사이버리스크를 설계해서 운영하고 있다.

그런데, 한국은 아직도 보안을 IT의 한 영역으로만 생각하는 경향이 있다. 보안 초창기에는 각종 취약점과 보안사고를 알리는 게 급선무였고, 이일의 대부분은 IT 담당자의 몫이었다. 그러나, 이제 사이버보안은 비즈니스 영역에 깊숙이 스며들어 있어 비즈니스에 직접적인 영향을 준다. 마치 사람의 눈에는 보이지도 않는 코로나19 바이러스가 전세계 인류의 먹고사는 생활에 지대한 충격을 주는 것과 같다. 온통 디지털로 돌아가는 조직에서 리스크 적인 상상력을 발휘해야 함에도 아직 수비에 급급하는 자세에 머물고 있다.

정치, 정부, 언론의 오피니언 리더들을 만나보면 한결같이 보안이 중요하다고 얘기한다. 그러나, 문제는 '보안이 중요하다'는 원론적인 구호에 그친다는 것이다.

악마는 디테일에 있다. 막연한 근심은 도움이 안 된다. 구체적이고 실질적이어야 한다. 우선 위협의 실체와 지켜야 할 대상을 제대로 알아야 한다. 자신이 모르는 것을 지킬 수는 없지 않는가? 급변하는 해킹기법에 일희일비하지 말고, 자신의 비즈니스를 분석해서 리스크를 정량화해야 한다. 사이버보안의 핵심은 범람하는 기술용어가 아니라 경영적인 거버넌스와 가시성이다.

금융시스템의 안전은 경제를 떠받치는 근간根幹이라서, 금융기관은 가장 높은 보안성을 유지해야 한다. 그런 점에서 CISO를 세계 최초로 법제화한 것은 아주 선도적인 조치였다. CISO의 독립성과 책임성을 명확하게 했고, 보안을 제품과 서비스 위주에서 경영의 관점으로 바꾸었다. 그러나, CISO가 제대로 리더쉽을 발휘하기 위해서는 권한과 조직적 지원이 받쳐주어야 한다.

금융계의 정보보호최고책임자CISO 임원들은 정보교류를 위해 자주 만나는 편이다. 비금융권에서 온 나로서는 금융권 현장에서 지내온 분들의 이야기는 재미있고 유익하다. 금융과 보안의 경험을 서로 나누면서 고민을 토로하다 보면 시간 가는 줄 몰랐다. 하루는 모임에 갔더니 어느 은행의 새로

266

24·365 보안 이야기
The Other Side of Innovation

부임한 임원이 인사를 한다. CISO가 교체된 것이다. 그 이후 명함을 교환하는 것은 연례행사가 되었다. 은행에 온 이후 내 명함은 한 번도 바뀐 적이 없는데, 새로 받은 명함은 늘어만 갔다. 외국계은행과 인터넷은행을 제외하고는 금융기관 CISO는 평균 1-2년 간격으로 바뀌었다.

나는 한평생 사이버보안을 했고 은행에 온지 7년째 사이버보안을 담당하고 있지만, 여전히 어렵고 할 일이 많다. 해외의 위협 첩보도 수시로 파악해야 하고, 혁신 기술의 도입에 따른 변화도 알아야 하고, 사이버위협이 사회에 미치는 영향에 대한 책과 리포트도 나름 열심히 읽는다. 그런데, 갑자기 임명된 분이 1-2년에 책임감을 가지고 할 수 있는 일이 얼마나 될까?

CISO가 조직을 장악하기 위해서는 명목상 독립적 위치만으로는 부족하다. 조직을 빌드업할 수 있는 충분한 시간과 실질적 권한이 주어져야 한다. 보안 패러다임은 제품과 서비스에서 비즈니스 모델을 안전하게 구축하는 방향으로 이동했다. 이런 시대에 보안에 대한 경영적 판단을 하는 CISO의 역할은 중요하며, 훌륭한 CISO를 많이 양성하는 것이 전반적인 보안수준을 높이는 지름길이다.

또한 보안위협이 입체적으로 전개되는 상황에서 금융회사 혼자 감당하기에는 벅차다. 공동의 플랫폼이 있어야 하고, 글로벌 위협정보를 실시간으로 공조해야 한다. 그런 점에서 보안위협을 공유하는 데서 시작한 금융보안원은 금융보안을 구성하는 또 다른 축이며, 금융보안원과 금융 CISO의 긴밀한 협조체계는 중요한 토대다.

제4차 산업혁명, 데이터3법, 핀테크 등 수많은 과제가 우리 앞에 놓여있다. 금융CISO가 전문경영인으로서 리더쉽을 발휘하고, 금융보안원을 중심으로 금융CISO가 팀웍을 유지할 때 디지털혁신을 안전하게 만들어 나갈 것이다.

가까이서 본 금융보안과 금융보안원

안수현 (한국외국어대학교 법학전문대학원 교수, 은행법학회 회장)

최근 국내에서 나타나는 해킹 수법들이 갈수록 교묘해지고 있다. 피싱[61], 스피어 피싱[62], 메모리해킹[63], 파밍[64], 스미싱[65] 등 그 이름과 유형이 일반인에게는 매우 낯설지만 그로 인해 피해를 보았다는 사례는 언론에서도 심심치 않게 찾아볼 수 있다.

개인적으로 경험한 해킹의 피해는 두 차례이다. 하나는 친분 있는 사람으로 위장한 이메일을 열어보고 난 후 악성코드에 감염된 지도 모르고 업무를 보다가 학교 보안팀에서 연락을 받아 PC안의 모든 파일과 프로그램을 삭제하고 다시 설치한 사건이다. 다행히 PC 내 정보들이 손상되지는 않아 개인적으로 큰 피해는 없었지만 복구하는데 들인 번거로움과 시간은 당시 논문 마감을 앞둔 시기라 매우 속상해 했던 기억이 있다. 특히 개인 PC를 통해 침입한 악성프로그램이 교내 내부망까지 마비시킬 수도 있었을 가능성을 생각해 보면 부지불식 중에 많은 피해를 줄 수 있었던 사건이라 지금도 생각하면 오싹하다.

---

[61] 피싱은 가장 널리 알려진 금융사기 수법으로 금융기관이나 공공기관이라고 속여 개인정보를 탈취하는 수법을 말한다.

[62] 스피어피싱은 불특정 다수의 개인정보를 빼내는 피싱과 달리 특정인의 정보를 캐내기 위한 피싱공격 수법을 말한다.

[63] 메모리해킹은 전자금융거래 프로세스 중 사용자의 데이터가 평문으로 복호화되는 메모리구간을 포착, 사용자가 정상적으로 입력한 입금계좌번호나 이체금액 정보를 변조하여 제3자의 계좌로 자금을 이체하는 기법을 말한다.

[64] 피해자를 가짜 사이트로 유인해 개인정보를 빼내는 수법을 말한다.

[65] 스미싱은 문자메시지에 악성코드를 심어 개인정보를 탈취하는 수법을 말한다.

또 다른 경험은 이보다 치명적인데, SNS로 침입한 악성 프로그램으로 인해 5년간의 연구와 강의노트가 저장된 PC가 마비된 적이 있었다. 파일마다 열면 글자는 하나도 없던 백지였던 기억은 지금도 잊을 수 없다. 워낙 저장 분량이 많아 백업하는 것을 게을리 해서 1년 전까지만 백업이 되다 보니 학기 초가 되어 새로 강의를 시작하면서 본의 아니게 초심으로 모든 과목마다 강의노트를 새로 만든 경험은 지금까지도 백업을 여러 군데 해놓는 습관을 만들어 놓는 계기가 되었다.

이러한 경험 때문인지 개인적으로 금융거래와 같이 재산적 손실이 직접적으로 발생할 수 있는 거래를 온라인이나 앱으로 하는 것에 대해서는 주저하는 경향이 있다. 제도적으로 전자금융거래법을 통해 해킹 등으로 인한 손해에 대해서는 금융회사와 전자금융업자가 책임을 지게 함으로써 일반 금융소비자의 불안감을 해소하고자 하고 있지만[66], 해킹인지 여부가 불확실한 경우도 적지 않아 일반금융소비자가 항상 안심하고 거래할 수 있는 환경이라고 단언하기는 어렵기 때문이다. 더욱이 일단 사고가 발생하면 그 피해는 물론 불안감도 적지 않고, 상당히 오래간다.

금융회사 역시 안심하기는 어렵다. 금융회사 자체의 결함으로 인한 장애사고 외에 악의적 의도를 가진 주체에 의한 공격이나 개인·금융정보의 무단

---

[66] 「전자금융거래법」 제9조 제1항 제3호 및 제2항에 의거하여 금융회사 또는 전자금융업자는 전자금융거래를 위한 전자적 장치 또는 정보통신망에 침입하여 거짓이나 그 밖의 부정한 방법으로 획득한 접근 매체의 이용으로 발생한 사고에 대하여 피해자의 고의·중과실을 입증하지 못하면 그 손해를 배상할 책임이 있다.

침해 및 조작 등 다양한 공격형태가 등장하면서 1차적인 금전적 피해는 물론 개인정보 유출에 따른 2차적 피해 등 금융회사의 평판 리스크를 훼손하는 일들이 적지 않기 때문이다. 최근에는 비금융회사인 핀테크 기업들과 연계하여 금융서비스를 제공하는 일도 증가할 전망인데, 상대적으로 보안에 취약한 비금융회사를 통해 사고가 날 가능성이 없지 않다. 신규 매체나 채널을 이용하는 경우 많은 경우 효율성과 사용자 편의성 등과 같은 요소가 강조되고 보안성 확보는 상대적으로 간과되는 경우가 적지 않기 때문이다.

디지털 트랜스포메이션이 COVID 19 이후 특히 가속화되면서 전자금융거래의 비중은 더욱 증가하고 가속화하여 발전할 것으로 예상된다. 이에 상응하여 해킹사고의 발생 가능성과 피해규모도 증가할 것으로 예상된다. 현재 금융회사들도 상당부분 보안에 대하여 인식을 하고 있는 것으로 보이기는 하지만 이들의 자율적 노력이 완전한 금융보안을 기대하기에는 충분하지 않아 보인다. 금융회사들의 경우 대체로 사이버 안전 내지 보안 이슈를 IT 인프라 측면에서만 접근할 뿐 경영전략 및 경영정책과 그 운영방향을 정하는 기업의 경영의사결정기관인 이사회에서 주요 안건으로 논의되거나 심도 있게 검토해야 하는 지배구조 이슈로 보지는 않기 때문이다.

그러나 불특정 다수를 겨냥한 지능적 해킹은 범죄수준에 이르고 있고 피해 가능성과 피해 규모가 개인의 피해에서 나아가 기업의 경영위험 및 사회와 금융안정시스템에도 막대한 영향을 미치고 있음을 고려할 때 재무상의 이슈에 대해 CFO로부터 보고를 받듯이 IT 이슈와 보안 이슈를 이사회에서 정기적으로 보고받아 경영정책과 집행에 반영하여야 할 것이다.

금융보안원과의 인연은 2019년 금융보안 자문위원회의 위원으로 참여하면서부터 시작되었는데, 금융보안이 금융혁신과 양축임을 가까이서 피부로 느낄 수 있는 소중한 경험을 할 수 있었다. 국내 최대 금융정보보호 컨퍼런스인 FISCON에서의 발표와 사회 등 2차례의 참여를 통해 최신 금융보안위협과 이에 따른 정책·법·기술적 대응 등 다양한 이슈들을 보고 배우고 공유한 경험은 오래 기억될 것으로 보인다. 또한 매년 금융보안원이 작성하여 발표하는 금융보안 이슈를 선정하는데 의견을 냈지만 오히려 더 많이 배우는 계기가 되었다. 금융보안 이슈는 금융회사들이 선제적으로 보안 이슈를 파악하고 적시에 대응할 수 있도록 하지만 일반 금융소비자에게도 경각심을 갖도록 하는 효과가 있어 매우 유익하다. 특히 금융 모바일의 악성코드를 분석한 사이버위협 보고서는 최근 모바일거래의 비중이 높아지면서 이들 보안 취약점을 파악하는데 큰 도움이 된다. 나아가 일반적인 포털 검색에도 걸리지 않는 다크웹에서의 금융관련 위협정보 수집 및 공유를 통해 유출경위 조사와 유출경로 차단 등 선제적인 대응과 피해확산 방지 및 이러한 경험에 기초한 인텔리전스 정보 생산 등은 일반 금융소비자는 물론 금융회사들도 잘 모르는 보안의 최전선에서 금융보안원이 불철주야 금융산업 보안관으로서 묵묵히 역할을 다하고 있음을 여실히 보여준다. 이 모두 금융보안원 임직원 모든 분들의 사명감과 책임감으로 금융보안에 대한 신뢰가 높아지고 있음을 느낄 수 있었던 귀중한 경험이다. 이러한 기여에 힘입어 향후 금융혁신의 속도도 한층 높아질 것으로 기대된다. 개인적으로도 안심하고 온라인 거래와 다운로드한 앱을 통해 한층 편리한 금융거래를 자유자재로 이용하지 않을까 기대한다.

어쩌면 끝이 없을 금융과 보안 이야기

논어의 군자삼락에 "배우고 때로 익히면 또한 즐겁지 아니한가."(學而時習之 不亦說乎)라는 말이 있다. 또한 "아침에 도를 깨치면 저녁에 죽어도 좋다."(朝 聞道夕死可矣)라는 것도 있다. 그만큼 모르는 것을 알게 되는 즐거움을 나타 낸 것이다. 금융 감독이라는 울타리를 벗어나 보안이라는 영역에 발을 딛고 서는 늘 새로운 것을 접하는 즐거움으로 지냈다.

그간 금융을 논하면서 보안이라는 영역을 등한시해 왔다는 점을 반성 하면서 임기 내내 보안 전도사가 되겠다는 결심으로 동분서주했다. 3년 전 보안을 바라보던 시각과 주변 환경은 4차 산업혁명의 물결 속에 크나큰 변 화를 겪었다.

금융회사 CEO들은 보안이라는 어려운 과제를 앞에 두고 정보와 지식 에 목말라 했다. 과거부터 체계적으로 기술을 공부하지 않은 사람들에게 보안이라는 영역은 뜨거운 감자와 같은 것이다. 잘못 되면 CEO의 자리가 위태롭다는 것은 다 알지만 회사 경영을 하고 수익을 창출해야 하는 일에 몰입하다 보면 보안이라는 영역은 전문가가 별 탈 없이 잘 이끌어가 주기만을 바랄 수밖에 없다.

2019년 1월부터는 매월 셋째 수요일에 회원사 CEO들에게 모바일로 '디지털 혁신과 금융보안'이라는 CEO 레터를 보내고 있다. 한 달 간 금융보안 관제에서 탐지하고 대응한 중요 위협동향, 금융 혁신과 보안 정책 동향 등 CEO가 알아야 할 내용 중심으로 정보를 전달하고 있다. 금융의 디지털 트랜스포메이션이 생존을 위한 선택인 시대에 보안 또한 이를 뒷받침하는 필수 인프라임을 공감하는 계기로 만들고 싶었다. 또한 2019년부터 매년 정보보호의 날에는 금융권 CEO를 초청한 보안 세미나를 개최하고 있다. 적어도 1년에 한 차례 이상 보안에 대한 교육을 CEO들도 받아야 할 필요가 있다. 보안에 있어 CEO의 역할과 인식이 가장 중요하다고 보았기 때문이며 이에 대하여 많은 CEO들이 공감하고 노력하고 있음은 다행이다.

금융은 하루도 조용할 날이 없다. 시중에 넘쳐나는 유동성이 사모펀드 시장으로 몰려들고 부실 운용과 불완전 판매 문제가 표출되면서 그 논란에서 지금도 은행과 금융투자회사들이 벗어나지 못하고 있다. 가계대출 확대와 기업 및 자영업자 부실로 인한 건전성 이슈와 자본시장의 제 기능 찾기는 언제나 계속되는 과제이다.

이러한 때 눈에 띄지 않으면서도 남모르는 전쟁을 하고 있는 곳이 사이버 영역이다. 오늘 이 시간도 사이버 공격 위협을 방어하기 위해 모든 금융회사와 금융보안원 금융보안관제센터에서는 직원들이 모니터 화면 앞에서 눈을 부비고 있다. 나날이 진화하고 변모하는 악성코드나 보안 위협에 대하여 늘 추격과 대응을 멈출 수 없는 것이 보안의 운명이다. 보안은 이렇듯 한시도 쉬지 않고 금융 산업을 지키기 위해 노력하지만 그 가치는 노력에 비해 제대로 평가받지 못하고 있다.

금융은 기술 변화의 소용돌이에 처해 있다. ABCD(AI, Block Chain, Cloud, Data)와 5G 등 각종 신기술이 금융에 접목되고 핀테크와 빅테크의 금융시장 공습으로 금융의 춘추전국시대가 펼쳐지고 있다. 금융당국도 기울어진 운동장을 공정 경쟁의 장으로 만들기 위해 전에 없던 정책을 추진해야 할 숙제를 안고 있다. 가보지 않은 길이며, 선진국도 이제 막 길을 찾고 있어 우리가 보고 배울 것도 많지 않다. 이 경쟁에서 뒤떨어지면 또 다시 글로벌화에서 뒤지고 경쟁 대열에서 낙오될 것이다. 기술이 몰고 오는 금융의 변화와 새로운 형태의 금융시스템 안정성 문제도 함께 풀어가야 할 과제다.

보안은 바퀴벌레라고 보안전문가들이 얘기한 적이 있다. 영원히 인류 역사에서 사라지지 않으며 어디엔가는 존재하는 바퀴벌레처럼 금융이 변모하고 발전하는 그 이면에는 항상 위협자들이 존재하고 새로운 공격이 등장하게 되어 있으며, 이에 대응하는 보안도 영원히 사라지지 않고 그 기능을 다해야 한다는 것이다.

보안은 새로운 공격 유형만 있는 게 아니다. 아주 전통적인 사이버 공격 유형이 있는가 하면 최첨단의 새로운 공격 유형이 있고, 끊임없이 진화를 거듭해 온 랜섬웨어나 악성코드 공격이 있다. 국민의 재산을 전산 기록으로 보관하고 있는 금융은 그 어느 영역보다 사이버 리스크를 잘 관리해야 한다. 신뢰를 잃으면 모든 것을 잃게 되는 것이 금융이기 때문이다.

무기를 들어야 전쟁을 하는 것이 아니라 이제는 사이버 공간에서 안보를 지켜야 하고 재산을 지켜야 하고 위협 공격에 대비해야 한다. 국방, 정부 기관, 민간이 함께 사이버 위협 정보를 공유하고 함께 노력해야 하는 것도 이 때문이다.

앞으로의 금융은 데이터를 기반으로 AI가 어떻게 이를 분석하는지가 생존의 갈림길이라고 한다. 데이터 경제는 이제 시작이다. 데이터도 결국 보호해야 할 정보자산의 가장 중요한 부분이다. 그래서 보안도 늘 따라다닌다.

아직 갈 길은 멀다. 아니 영원히 다다를 수 없는 목적지를 향해 길을 재촉해야만 한다. 금융에서 클라우드 사용이 크게 증가하고 있고, 클라우드 사업자들도 국내외 업체들 간의 생존 경쟁이 치열하다. 보안 관점에서도 놓칠 수 없는 환경 변화다. 인공지능은 금융부문 곳곳에서 활용이 늘어나고 있지만 아직 보안 관점에서는 그 어느 것 하나 기초를 제대로 닦지 못한 영역이다. 블록체인과 사물인터넷 또한 마찬가지다. 인증 시장도 공인인증서가 사라지고 다양한 사설 인증 간의 경쟁이 치열하다. 분산ID가 확산되기 시작하면서 다른 인증수단에 어떻게 영향을 끼칠 것인지도 큰 관심 사항이다. 이렇듯 금융은 오늘도 변하고 발전하고 있으며, 이러한 변화는 모두 보안이라는 과제를 함께 우리에게 던져주고 있다.

금융 혁신의 길과 보안이 가야 할 길은 따로 있는 게 아니다. 금융이 혁신하기 위해서는 보안이 제대로 뒷받침되어야 한다. 시장의 혁신 추구자들이 보안의 중요성을 인식할 수 있도록 소리를 높여온 지난 시간이 쌓여 우리 금융 산업에서 보안에 대한 인식과 대우가 조금이라도 나아지기를 기대해본다.

이 책을 만들어 내기까지 많은 분들의 도움과 성원이 있었다. 특히 임기 내내 함께 보안에 대한 위상을 높이기 위해 애써온 금융보안원 식구들의 적극적인 성원과 도움이 없었다면 이 책은 빛을 보기 어려웠을 것이다. 한 분 한 분 모두에게 고마움을 전하고 싶다. 그러나 좋은 의도에도 불구하고 이 책은 많은 한계를 갖고 있다. 기술적인 내용을 다루지 않았고 더 많은 내용을 담지 못한 아쉬움이 있을 뿐만 아니라 우리나라 정보보호 산업에 종사하고 있는 이들의 많은 생각과 이야기를 다루지 못한 아쉬움이 있다. 금융 산업과 정보보호 산업을 오가며 쌓은 인연들과 배움의 기회는 두고두고 감사할 일이다. 못 다한 보안 이야기는 세상 변화를 거부하지 않고 받아들이면서 또 계속해 나갈 것이다.

이 책의 전체 수익금은 전액 금융보안원의 사회공헌활동의 일환으로
수지지역아동센터에 기부됩니다.

24·365 보안 이야기

글 김영기 | **발행인** 김윤태 | **교정** 김창현 | **발행처** 도서출판 선 | **북디자인** 화이트노트
등록번호 제15-201 | **등록일자** 1995년 3월 27일 | **초판 1쇄 발행** 2021년 5월 10일
주소 서울시 종로구 삼일대로 30길 23 비즈웰 427호 | **전화** 02-762-3335 | **전송** 02-762-3371

값 15,000원
ISBN 978-89-6312-603-6 03320